SCHWEIZ

DAS LAND VON OBEN

Die Photographen der Swissair Photo:
Josef Bischofberger, Rudolf Cahenzli, Beat Kehrli,
Kurt Keller, Marcel Kunz

Textautoren:
Alain Pichard, Marcel Schwander, Hans Weiss,
Flavio Zanetti, Max Mittler

Herausgegeben von Max Mittler

swissair Orell Füssli

Grafik: Heinz von Arx, Zürich
Satz: Jung Satzcentrum GmbH, Lahnau
Lithos: Repro Singer AG, Zürich
Druck: Orell Füssli Graphische Betriebe AG, Zürich
Einband: Buchbinderei Burkhardt AG, Mönchaltdorf
Printed in Switzerland
ISBN 3 280 01950 8

Der Text von Alain Pichard wurde von
Hanna Wulf, Genf, ins Deutsche übertragen.
Den Text von Flavio Zanetti übersetzte
Christine Mäder, Luzern,
aus dem Italienischen.

INHALT

Bildsequenzen

Texte

VORWORT

Eine Landschaft bietet aus verschiedenen Perspektiven sehr unterschiedliche Ansichten. Der Frosch wird in seinem Horizont, namentlich in einem Land wie der Schweiz, durch Vegetation und Höhenzüge eng begrenzt. Der Mensch mit seinen Augen, im Durchschnitt 1,6 Meter höher, sieht die Schweiz immer noch in mehr oder weniger enge Kammern unterteilt. Erst der Vogel hat im Höhenflug die Landschaft kartenähnlich vor sich ausgebreitet. Seinem Auge bieten sich Aspekte, welche der Erdgebundene nur erahnen kann, es sei denn, er sei Besitzer dieses Buches.

In diesem Jahr feiert die Schweiz ihren 700. Geburtstag. Seit 1291 hat sich vieles in unserem Land verändert, einiges ist auch gleich geblieben. Anders geworden sind sicher die Siedlungsstrukturen, die Verkehrswege, die Landwirtschaft und nicht zuletzt die von der Industrialisierung betroffenen Gebiete. Daneben stehen die unberührten Landschaften, die Felsformationen, Gebiete, bei denen bis heute der Mensch nicht eingriff, vielleicht auch nicht eingreifen konnte. Das Buch zeigt in vielfacher Hinsicht unser heutiges Land in Wort und Bild, es ist ein Buch zum Lesen, aber auch zum Nachdenken.

Die Idee stammt von Joe Bischofberger, der als langjähriger Mitarbeiter der Swissair Photo und Vermessungen AG die Schweiz von unten und von oben kennt. Er brachte das Projekt auf den Weg, Dr. Max Mittler war als Herausgeber tätig, und Heinz von Arx übernahm die Gestaltung des prächtigen Bildbandes. Ihnen und den andern Beteiligten, die maßgeblich an diesem Werk gearbeitet haben – sei es nun als Photograph oder als Textautor –, möchte ich meinen persönlichen Dank, aber auch denjenigen der Swissair aussprechen. Ich weiß, daß es nicht einfach war, in der zur Verfügung stehenden Zeit alle die Einsätze für Luftaufnahmen zu fliegen, und daß das vorliegende Buch das Produkt einer großartigen Zusammenarbeit ist.

Erich Geitlinger
Stellvertretender Präsident der Geschäftsleitung der Swissair

Naturlandschaft - Kulturlandschaft

Landschaften der Schweiz: Die hier folgende Bildsequenz gibt einen Einblick in die Topographie des Landes: Natur- und Kulturlandschaften in vielfältigen Variationen.

Rechts: Der wolkenverhangene Piz Roseg (3937 m) im Bernina-Massiv, aufgenommen am 22. September 1988. Sichtbar ist eine alpine Naturlandschaft, die kaum Spuren menschlicher Einwirkung zeigt. So ist auch der Umstand, daß die Landesgrenze zwischen Engadin und Veltlin über den Höhenzug läuft, von minderer Bedeutung. Geologen und Glaziologen können hingegen in diesem Bild naturgeschichtliche Veränderungen ausmachen. Gegenüber früheren Stadien ist der Gletscherschwund weit fortgeschritten. Die Spuren sind an den flankierenden Felsen abzulesen.

Folgende Doppelseite: Bauernhöfe im Fricktal abseits des Dorfes, ein Beispiel für die Kulturlandschaft im aargauischen Tafeljura. Auf meliorierten Böden in mittleren Jurahöhen ist eine verhältnismäßig ertragreiche Landwirtschaft möglich. Charakteristisch sind die um die Höfe gestreuten Kirschbäume. Die auf dem Bild festgehaltene Szene – die Aufnahme stammt vom 3. Mai 1978 – zeigt Formen der Bewirtschaftung, die weder besonders alt noch neu sind. In österreichischer Zeit – das Fricktal gehörte bis 1802 zu den Österreichischen Vorderlanden – gab es kaum Streusiedlungen, denn die Bauernhöfe waren in den langgezogenen Straßendörfern konzentriert. Die hier abgebildeten Höfe sind vermutlich um die Jahrhundertwende entstanden.

Vorausgehende Doppelseite: Das Zentrum von Zürich am 6. Juni 1988, Exempel einer in Jahrhunderten gewachsenen und immer wieder neu geformten Stadtlandschaft. Der Photograph schoß sein Bild aus wohltuender Höhe, so daß die städtebaulichen Sünden der vergangenen Jahrzehnte nicht aufdringlich wirken. Dem Betrachter am Boden treten sie brutaler entgegen. Immerhin, die historischen Stadtstrukturen sind aufgebrochen, von massiven Geschäftsbauten und noch mehr von breiten Straßenzügen zerschnitten und eingegrenzt. Bei genauerem Hinsehen werden aber auch jene Flächen und Winkel sichtbar – Parkanlagen, Straßenzüge und Plätze in der Altstadt –, in denen sich die Bewohner zu Hause fühlen.

Rechts: Blick über die Churfirsten auf den Walensee, die Glarner und die St. Galler Alpen. Die Aufnahme stammt vom 30. Mai 1988. Ein Bild der Kontraste zwischen Naturlandschaft und einer intensiv genutzten Kulturlandschaft. Quer durch die Gegend führt die Walensee-Autobahn. Die Uferlandschaft bei Walenstadt – vor 200 Jahren noch ein gefürchtetes Sumpfgebiet – präsentiert sich als Plattform für Siedlungen, Industrien und Verkehrswege. Die Berghänge jenseits des Sees wurden schon in historischer Zeit bis zur Waldgrenze genutzt. Würde man mit der Bewirtschaftung aufhören, so müßte derselbe Effekt eintreten wie bei übertriebener Nutzung: eine kaum mehr aufzuhaltende Bodenerosion.

Nächste Doppelseite: Blick auf eine der berühmtesten Touristenlandschaften der Schweiz: das Rigi-Massiv. Im Vordergrund die Bahnlinien zwischen Rigi Staffel und Kulm, links im Bild der Zugersee mit Walchwil und Zugerberg, unmittelbar hinter dem Kulm die Abbruchstelle des Goldauer Bergsturzes am Rossberg. Die alten Hotelpaläste auf dem Kulm sind verschwunden und haben einem einfachen Berghaus Platz gemacht. Auf getrennten Bahntrassen streben die beiden Zahnradbahnen – die rote Vitznau–Rigi-Bahn und die blaue Arth–Rigi-Bahn – in die Höhe. Aufnahme vom 21. Juni 1990.

Vorausgehende Doppelseite: Der Lac d'Hongrin in den Waadtländer Alpen des Pays d'Enhaut. Aus dem 1255 m hoch gelegenen, in den sechziger Jahren errichteten Stausee fließt der Hongrin-Bach nach Norden in die Sarine. Ob hier eine neue Naturlandschaft entstanden ist? Die Winteraufnahme vom 20. Januar 1987 gibt darüber nicht endgültig Auskunft. Eingriffe in die Natur, vor allem der Bau von Stauseen zur Gewinnung von Elektrizität, werden heute allemal kritischer beurteilt als vor 25 Jahren.

Rechts: Eine seltsame Aufnahme gelang dem Photographen am 25. September 1988 in der Orbe-Ebene: In der übermeliorierten Landschaft, die aus Torfboden besteht, tauchte ein rechteckiges Biotop auf, das noch einen Restbestand der ursprünglichen Vegetation enthält.

Vorausgehende Doppelseite: Das Ufer des Neuenburgersees beim freiburgischen Font in der Nähe von Estavayer, aufgenommen am 9. August 1990. Das geschützte Ufer mit seinem Schilfgürtel ist durch den Wellenschlag des Sees gefährdet. Die Naturlandschaft bedarf der Pflege. So werden beispielsweise die Schilfbestände regelmäßig gemäht.

Links: Die wenig bekannte Rhonelandschaft unterhalb von Genf beim Kraftwerk Verbois. Die stark parzellierte Agrarlandschaft zu beiden Seiten des Flusses geht unterhalb der Dörfer Russin und Dardagny sozusagen nahtlos in die höher gelagerte Ebene des französischen Pays de Gex über, das allmählich gegen den Kettenjura ansteigt. Rechts oben im Bild das französische Dorf Challex. Auf dem linken Ufer der Rhone haben sich Naturschutzgebiete erhalten. Der Photograph machte seine Aufnahme im trockenen September 1990.

AUGENSCHEIN VON OBEN

Max Mittler

Wer in früheren Zeiten einen Überblick über ein Territorium gewinnen wollte, stellte sich auf einen Aussichtsberg. Auf den Rigi zum Beispiel. Was da gesehen, gedacht und gefühlt wurde, ist in zahllosen Reiseberichten festgehalten. Dichter und Gelegenheitspoeten besangen die ursprüngliche Natur, die Schrecken der Bergwelt und das Volk der Hirten, das auf den Spuren Wilhelm Tells wandelte. Pathos war erlaubt. Man betrachtete von oben herab die im Land vermutete »Schweizerfreiheit«, eine unbeschwerte Vision des 18. Jahrhunderts. Da diese Freiheit aber offensichtlich abhanden gekommen war, hörte man mit der Zeit auch kritische Töne. Gelegentlich zeigte ein Politiker strafend ins Tal hinunter, wo sich die Zeitgenossen – vor allem jene, die einer andern Partei angehörten – ihrer Ahnen nicht würdig erwiesen.

Landschaft als Kulisse für heroische Geschichte – das traf vor allem auf die Innerschweiz zu. Romantische Vorstellungen, die aus einem verklärten Geschichtsbild stammten, wurden in diese Region hineinprojiziert, wobei man hoffnungsvoll in der jeweiligen Gegenwart nach den alten Tugenden fahndete. Unter dem Motto »schlichtes Volk – erhabene Landschaft« entwarf man ein Idealgemälde, das die Losung »zurück zur Natur« am Exempel zu begründen suchte. Das so gesehene freie Alpenleben, gewissermaßen als Therapie für die lange schon der Natur entfremdeten Städter gedacht, war eine Konstruktion, die der Realität auf die Dauer nicht standhielt. Immerhin, die betroffene Bevölkerung bemühte sich redlich, dem Bild zu entsprechen, das sich fremde Gäste von ihr machten – ein Effekt, der heute durch den Tourismus in allen Weltteilen produziert wird. Geschichte wird zur Folklore.

Die schweizerische Landschaft 1991: Ein Augenschein von oben ergibt einen vielfältigen Befund, bei dem die Betrachtung der »klassischen Landschaft« in den Hintergrund rückt. Auf einem Rundflug liegt dem Beobachter manches Thema zu Füßen, das heute die Schweiz bewegt. Da ist zum Beispiel die Frage nach dem Zustand der Natur, deren Beschaffenheit nicht mehr mit Vokabeln wie »erhaben« und »majestätisch« umschrieben werden kann.

Gedanken zur Ökologie sind angebracht. Umweltsünden aus großer Höhe betrachtet wirken zwar allemal weniger brutal als die am Boden sichtbare Realität, oft mögen sie sogar ihren ästhetischen Reiz haben. So kann man die verschlungenen Anlagen einer Autobahnkreuzung als kunstvoll oder auch als gigantisch empfinden, doch im ganzen ist der verbreitete Hang zur Geometrie der Landschaft schlecht bekommen. Ein Flug über landwirtschaftliche Zonen gibt Aufschluß: Die Agrarlandschaft wirkt über weite Strecken hin ausgeräumt, natürlich fließende Gewässer, Hecken und Sträucher sind selten geworden. Städte, urbanisierte Landschaft, Industrieanlagen und Verkehrswege haben in den letzten Jahrzehnten wertvollen Boden verschlungen. Dabei ist oft auch die Geometrie zu kurz gekommen. Die beschädigte Umwelt ist nicht nur am Boden anzutreffen. Die Photographen der Swissair Photo, die ihre Einsätze für diesen Bildband flogen, waren in ihrer Arbeit durch die Luftverschmutzung behindert, die einen Schleier von Dunst und Nebel über die Landschaft legt.

Ausbruch aus den kleinen Räumen

Zu jeder Landschaftsbetrachtung gehört ein Hinweis auf die kleinräumigen Strukturen der Schweiz. Geschichte, volkskundliche Eigenarten, Tugenden und Unarten ganzer Regionen werden durch den so entstandenen Partikularismus erklärt. Landschaft nicht bloß als Kulisse für historisches Geschehen, sondern als bewegende Kraft für gesellschaftliche und politische Abläufe. Das physische Bild der Schweiz ist für den Charakter des Landes zweifellos von Bedeutung. Vereinfacht gesagt: jeder Schweizer gedeiht in seiner Landschaft. Die Appenzeller könnte man nicht im Wallis ansiedeln und die Tessiner nicht im Thurgau, denn sie würden ihre Identität verlieren. Polen wurde im Laufe seiner Geschichte mehrmals auf der Landkarte hin- und hergeschoben und blieb dennoch Polen. Für die Schweiz wäre ein derartiger Vorgang undenkbar, denn ihre Eigenart ist ein für allemal mit bestimmten Landschaften und ihren besonderen Merkmalen verbunden.

Ob das so bleiben wird, ist ungewiß. In unserem Jahrhundert haben sich Veränderungen ergeben, die das Bild von der festgefügten Idealkonstruktion Schweiz in Frage stellen. Es ist oft davon die Rede, daß Land und Landschaft ihr Gesicht verloren haben. Gewaltige wirtschaftliche und industrielle Vorgänge haben die Gesellschaft in Bewegung gebracht. Die demographischen Verschiebungen, vor allem die Wanderung in die Großstädte und die Verstädterung ganzer Landstriche lassen sich durch die einst dominierende Topographie nicht aufhalten. Zudem ist der Umgang mit der Landschaft leichtfertig geworden. Nicht nur in den Städten. Die Versuchung, jeden Fels auf seine kommerzielle Verwertbarkeit hin abzuklopfen, ist groß. Der Boden hat seinen Preis, und die Idylle wird parzellenweise verkauft.

Auf einem Flug über Alpen, Mittelland und Jura gewinnt man den Eindruck einer nicht mehr aufzuhaltenden Mobilität. Man ist unterwegs auf Verkehrswegen aller Art – nicht immer zum eigenen Vergnügen, sondern aus Zwängen heraus, gegen die sich der einzelne nicht zur Wehr setzen kann. So führt der Umstand, daß Arbeitsplatz und Wohnort immer häufiger auseinanderliegen, zu einem Hin und Her von beträchtlichem Ausmaß. Für viele Menschen hat dabei die Wohnsiedlung nur wenig mit »Heimat« zu tun. Der Begriff hat heute ohnehin keinen guten Klang, so daß er nur noch behutsam verwendet werden darf.

Neue Straßen – neue Verkehrsströme. Was sich dem Verkehr im Mittelland an natürlichen Hindernissen in den Weg stellte – Hügel, Flüsse, Sümpfe –, ist von der Technik längst überwunden. In ausgedehnten Regionen zeigt sich alles in allem als Ergebnis eine fortschreitende Gleichförmigkeit. Mit der Topographie wird auch die Vielfalt der Siedlungsstrukturen eingeebnet. Der aufkommenden Langeweile in der Landschaft entspricht eine aus bloßer wirtschaftlicher Notwendigkeit entstandene neue Mischung der Gesellschaft. Die Mobilität gefährdet die Eigenart der einzelnen Landesteile. Wohlstand hat seinen Preis. Einen hohen Preis zahlt auch die Bergbevölkerung, die in den alpinen Regionen ums Überleben kämpft. Der Blick von oben zeigt, daß dieser Kampf in vielen Siedlungen mit dem Auszug der Bergbauern geendet hat. Da und dort präsentieren sich die Dörfer architektonisch sauber und hübsch konserviert, so daß sich Städter in rustikalen Zweitwohnungen niederlassen und über archaische Lebensformen sinnieren können. Alte Dorfgemeinschaften jedoch – im Tessin, im Wallis und in Graubünden – haben ihre landwirtschaftlichen Existenzgrundlagen verloren, denn es ist keinem Bergbauern zuzumuten, der Folklore zuliebe ein Leben mit Entbehrungen zu führen.

Die Topographie und die Grenzen

Dem Beobachter von oben ist der Blick in die Stuben, Fabrikhallen und Büros verwehrt. Die Befindlichkeit der Nation läßt sich aus dieser Perspektive nicht ergründen. Es sind immerhin einige Grundlinien erkennbar. Die topographischen Strukturen zum Beispiel machen den föderalistischen Aufbau dieses Staates verständlich. Von da her muß auch das immer noch vorhandene Geschichtsbild in Frage gestellt werden, das in frisch-fröhlichem Marsch vom Rütli zum heutigen Bundesstaat führt. Die alten Eidgenossen in den Urkantonen waren nicht die einzigen Zeitgenossen, die auf dem späteren Territorium der Schweiz agierten. Es gab Geschichte und Geschichten in Stadt und Land zwischen Genf, Graubünden und Hochrhein, und diese Landschaften waren außerdem über die heutigen Grenzen hinaus mit bedeutenden europäischen Kulturkreisen verbunden. Allzu lange blieb der Blick der eidgenössischen Geschichtsschreiber auf die Sieger gerichtet. Von den Verlierern war selten die Rede. Sonst hätte man beispielsweise mitteilen müssen, daß die Aargauer mit dem Regiment der Habsburger leidlich zufrieden waren und daß Graf Rudolf von Habsburg im Ruf eines umsichtigen Landesvaters stand. In welchem Zeitpunkt dürfen Tessiner, Genfer und Jurassier in die Schweizer Geschichte einsteigen? Die Entscheidung darüber hat man den spät Dazugekommenen nicht leicht gemacht.

Im Zeitalter des europäischen Nationalismus war oft von »natürlichen Grenzen« die Rede, gelegentlich auch als Vorwand für territoriale Forderungen. Da wollte auch die Schweiz nicht zurückstehen. Man sprach im vergangenen Jahrhundert von den wünschbaren »natürlichen Grenzen« und meinte damit Veltlin, Nordsavoyen, Sundgau und hin und wieder auch Konstanz. Sucht man heute vom Flugzeug aus nach »natürlichen Grenzen« – sei es zwischen Kantonen oder sei es die Landesgrenze –, so stellt man fest, daß topographische Limiten selten zwingend sind. Meist hat der Mensch die Grenzen gesetzt, wobei der Stärkere bestimmte, wo die »natürliche Grenze« zu liegen hatte. Die Topographie trifft keine Schuld. Die Überwindung von Grenzen ist ein politisches und nicht ein verkehrstechnisches Problem. Die Geschichte der Alpentransversalen hat diese Tatsache schon immer deutlich gemacht.

Auch die Grenzen zwischen den schweizerischen Kulturkreisen und zwischen den Sprachgruppen, die selbst im ausgehenden 20. Jahrhundert oft unüberwindlich scheinen, liegen nicht in der Landschaft, sondern in der Mentalität der Menschen. Der Föderalismus ist in diesem Lande unbestritten. Die Andersartigkeit von Minderheiten wird als Bereicherung empfunden, solange sie nicht mit Forderungen verbunden ist. In dieser Unverbindlichkeit ist der Pluralismus eine Tugend. Man ist ja bisher dank einer wohltuenden Sprachlosigkeit redlich davongekommen. Ob das weiterhin gutgeht? Da müßte zum Beispiel in der deutschen Schweiz, wo man sich gerne mit der Aura des Tüchtigen umgibt, ein Teil der Überheblichkeit abgebaut werden, welcher die Minderheiten in fahrlässiger Weise verletzt. Das ist allerdings ein Problem, das am Boden, im nüchternen Alltag, zu lösen ist.

Gotthard - Tessin - Wallis - Rhonetal

Die Vorzüge des Gotthard vor anderen Alpenpässen wurden in vergangenen Jahrhunderten vor allem mit drei Argumenten hervorgehoben: Zentrale Lage am Weg aus dem schweizerischen Mittelland nach der Lombardei, kurze Anfahrt und Überquerung der Alpenkette auf einem einzigen Übergang. Der Paßweg hat die Kulturlandschaft geprägt. Betrachtet man die Siedlungen im Urner Reusstal und in der Leventina, so fällt auf, daß die historischen Dorfstrukturen wie die Verkehrswege auf den Paßverkehr ausgerichtet waren. Die bäuerliche Bevölkerung beteiligte sich in den Säumergenossenschaften am Warentransport und hatte somit seit dem Mittelalter Anteil am internationalen Handel, der bis ins 19. Jahrhundert hinein durch Monopole geprägt war. Dabei konnte man den Umständen entsprechend gut leben. Die Verhältnisse am Gotthard unterschieden sich kaum von jenen an den Bündner Pässen oder am Simplon, doch stand der Gotthard-Transit bei den Kaufleuten im Ruf, wegen allzu vieler Monopole langsam und teuer zu sein. Der Handel zog deshalb auf dem Weg nach Süden häufig die Pässe Graubündens vor.

Die Liberalisierung und Beschleunigung des Transportgeschäfts in der ersten Hälfte des letzten Jahrhunderts – ein natürlicher Effekt des einsetzenden Straßenbaus – führte zu einer Professionalisierung des Verkehrswesens. Transportfirmen nahmen die Sache in die Hand und verdrängten die mit Säumerei und Fuhrwesen beschäftigten Kleinbauern von der Straße. Die sozialen Folgen in den betroffenen Tälern waren schwerwiegend. Damit trat ein Phänomen zutage, das bis heute seine Gültigkeit hat: technische Neuerungen und Verkehrsbeschleunigungen an den Verkehrswegen gehen in der Regel zu Lasten der ansässigen Bevölkerung. Der Vorgang wiederholte sich, als im Jahre 1882 die Gotthardbahn den Betrieb aufnahm. Als der erste Zug mit den offiziellen Gästen durch das Reusstal fuhr, wehten an einigen Orten schwarze Fahnen. Die Lokomotive nannte man den «Brotschelm». Wie erwartet verloren zahlreiche Kleinbetriebe, die sich im Fuhrwesen betätigten, ihre Existenzgrundlage. Die Gegenwart bietet ein neues Exempel. Die Gotthard-Autobahn bringt dem Urner Reusstal und der Leventina mehr Belastungen als Nutzen. Heute verbinden Alpentransversalen fernab liegende Zentren. Den Anwohnern in den betroffenen Gebieten bleibt nur eine Statistenrolle am Straßenrand.

Rechts: Wassen im Urner Reusstal war einst eine wichtige Station im Saumverkehr über den Gotthard. Der moderne Alpentransit bedarf keiner derartigen Etappen. Unsere Aufnahme vom 21. Juni 1990 zeigt das auf einem vorgelagerten Sporn angesiedelte Wassen und weiter talabwärts Gurtnellen. Die Gotthard-Autobahn beherrscht das enge Tal. Aus der Luft wird deutlich, wieviel Boden der monumentale Bau mit seinen Anschlußwerken verschlingt. Gotthardbahn und Kantonsstraße nehmen sich daneben bescheiden aus. Sie sind längst in die Landschaft integriert.

Links: Zwei Welten, die fremd nebeneinanderstehen: Die Gotthard-Autobahn und die Streusiedlung Hinterried bei Intschi in der Gemeinde Gurtnellen. Wo einst die Saumkolonnen auf beschwerlichem Weg zum Paß hinaufzogen, streben heute motorisierte Blechkolonnen irgendwelchen fernen Zielen entgegen. Die vorbeieilenden Touristen nehmen kaum zur Kenntnis, daß Terrassierung und Bewirtschaftung der steilen Berghänge einst eine gewaltige Leistung darstellten, und daß auch heute noch die Vernachlässigung dieses Geländes fatale Folgen haben könnte. Aufnahme vom 21. Juli 1990.

Rechts: Hospental, am Zusammenfluß von Furka- und Gotthardreuss gelegen, ist Ausgangspunkt des historischen Gotthard-Paßweges. Hier kreuzen sich seit dem Mittelalter die Wege von Nord nach Süd und von West nach Ost. Auf unserer Aufnahme vom 15. September 1983 sind neben der zum Gotthard führenden modernen Straße längs der Gotthardreuss Überreste der alten Fahrstraße und des Saumpfads zu erkennen.

Folgende Doppelseite: Panoramaübersicht über die Paßhöhe des St. Gotthard mit Blick nach Süden, aufgenommen am 15. November 1983. Im Vordergrund die Bauten des Gotthard-Hospiz und die in engen Kehren ins Val Tremola sinkende alte Straße, während die heutige Autostraße an der Talflanke rechts weit ausholt. Ein Wolkenband erstreckt sich über die Leventina und trennt das Gotthardmassiv von den südlich gelegenen Tessiner Bergen.

Links oben: Die Gotthard-Paßhöhe mit dem Lago della Piazza und den historischen Bauten von Süden gesehen: Vorne links die sogenannte »alte Sust« mit dem Gotthard-Museum, in der Mitte das Hotel San Gottardo und rechts das Kapuzinerhospiz. Aufnahme vom 31. August 1989.

Links unten: Auch in der Leventina ist ein Teil des Talbodens den Verkehrsbedürfnissen geopfert worden: Autobahn, Kantonsstraße und Gotthardbahn bei Lavorgo, aufgenommen am 31. August 1989. Im Vordergrund die hochgelegene, noch intakt wirkende Häusergruppe von Ces.

Rechts: Transitverkehr über die Alpen war stets auch eine Sache der Machtpolitik, die eng mit dem wirtschaftlichen Nutzen verbunden war. Bellinzona beherrschte den südlichen Zugang zu St. Gotthard, San Bernardino und Lukmanier. Die Herzöge von Mailand bauten hier bis zum ausgehenden 15. Jahrhundert eine imposante Talsperre aus drei Burgen und einer »murata« auf, die vor allem gegen die auf Expansion bedachten Eidgenossen gerichtet war. Unsere Aufnahme vom 6. Mai 1988: Im Zentrum steht das auf einem Hügel gelegene Castel Grande mit der zum Fluß Ticino hinführenden »murata«. Rechts oben im Bild die Burg Montebello.

Oben: Die Talenge von Bellinzona bereitete in den fünfziger Jahren des letzten Jahrhunderts der Eidgenossenschaft Sorgen. Der österreichische Feldmarschall Radetzky ließ als Strafe für die Einmischung des Tessin in die italienischen Wirren 6000 Tessiner aus der Lombardei ausweisen. Als militärische Vorsichtsmaßnahme und zur Arbeitsbeschaffung für die hungernden Flüchtlinge errichtete die Schweiz zwischen Camorino und Sementina Befestigungen mit sogenannten »Martello-Türmen«, im Volksmund »fortini della fame« genannt. Ein gut erhaltener Turm ist in der Bildmitte zu erkennen. Aufnahme vom 31. August 1989.

Rechts: Zu den historischen Paßwegen gehört der Passo San Jorio (2014 m), der von der Tessin-Ebene durch das Morobbia-Tal an den Comersee führt. Nördlich vom Paßübergang die ebenfalls auf der Grenze gelegene Cima di Cugn (2194 m). Unsere Aufnahme vom 18. August 1989 öffnet die Sicht vom Paß über den Comersee hinweg bis ins Veltlin. Auf der italienischen Seite ist unter Mussolini eine Fahrstraße bis auf die Paßhöhe gebaut worden, auf der Tessiner Seite hingegen endet die Straße weit unten im Morobbia-Tal.

Links: Corippo im Val Verzasca bietet eines der besterhaltenen Ortsbilder im Tessin. Das Haufendorf gilt als Muster einer intakten Bergbauernsiedlung. Ein Blick aus dem Flugzeug – hier in einer Aufnahme vom 17. Juli 1980 – bestätigt den Befund. Doch die positive Bilanz bezieht sich nur auf den Baubestand. Selbst großzügige Hilfe von außen vermochte die Abwanderung nicht zu stoppen. Das ländliche Leben in seiner Härte ist heutigen Generationen nicht mehr zuzumuten. Von den alten Familien sind nur noch wenige im Dorf vertreten.

Oben: Aranno im Malcantone – die Aufnahme stammt vom 3. April 1980 – macht inmitten der systematisch angelegten Terrassen den Eindruck eines gepflegten Tessiner Dorfes. Angesichts der Nähe von Lugano war aber in den letzten Jahren auch hier die Zersiedlung nicht aufzuhalten.

Unten: Auch das Dörfchen Barbengo bei Lugano ist dem Bevölkerungsdruck der nahen Stadt ausgesetzt. Aufnahme vom 21. Juli 1984.

Links: Die Flugaufnahme der Ebene von Agno vom 18. August 1990 beweist, wie weit die Verstädterung der Landschaft in der unmittelbaren Umgebung von Lugano vorangeschritten ist. Die Ortschaft Agno hat den dörflichen Charakter verloren, und auch in Muzzano ist die Zersiedlung nicht zu verkennen. Das Delta des Flüßchens Vedeggio ist mit dem weit ausgreifenden Flugplatz und mit Industriebauten belegt.

Rechts: Lugano und der Luganersee von Westen her gesehen, aufgenommen am 18. August 1990. Die Sicht reicht über Porlezza am östlichen Ende des Ceresio hinaus. Die Stadt Lugano hat sich in diesem Jahrhundert in alle Richtungen gewaltig ausgedehnt. Wenig gegliederte Überbauungen und klotzig in die Landschaft gelegte Verkehrswege beeinträchtigen das Bild. In der Sicht des Fliegers verschwindet die touristisch attraktive Kulisse mit Seepromenade, Palmen und Parco Civico in einer kaum strukturierten Masse mittelmäßiger Bauten.

Der Monte Generoso (1701 m) – hier in einer Aufnahme vom 18. August 1990 – ist auf seiner Westseite trotz Steilwänden und Runsen bis zum Gipfel bewaldet. Die Landesgrenze läuft über den höchsten Punkt des Berges, der als vorgeschobene Bastion einen weiten Ausblick auf die Lombardei gestattet. Auf der Bergkante strebt die von Capolago heraufsteigende Zahnradbahn, die inzwischen 100 Jahre alt geworden ist, in nördlicher Richtung zum Gipfel. Ob die Bahn noch lange fahren wird, ist ungewiß, denn es hapert mit der Rentabilität des Unternehmens.

Oben: Das Maggia-Delta mit der Mündung des einst turbulenten Bergflusses in den Lago Maggiore. Die Aufnahme vom 3. Juni 1988 gibt eine Vorstellung vom Ausufern der Städte Locarno und Ascona, die weitherum von der Landschaft Besitz ergriffen haben. Die Ortskerne sind immerhin einigermaßen intakt geblieben.

Rechts: Blick auf den Damm von Melide mit der Ortschaft Bissone am jenseitigen Seeufer. Aufnahme vom 18. August 1990. Im Jahre 1847 wurde hier eine 817 m lange Brücke angelegt, die den südlichsten Kantonsteil mit dem Sotto Ceneri verband. Vorher war das Mendrisiotto von der Schweiz her nur mit dem Schiff zu erreichen.

Oben: Viel begangen war in früheren Jahrhunderten der Griespaß. Die Berner beispielsweise transportierten über Grimsel und Griespaß Käse ins Formazza-Tal. Unsere Aufnahme vom 5. September 1973 zeigt den unmittelbar vor dem Paßübergang und der italienischen Grenze gelegenen Griessee (2386 m), einen Stausee am Fuße des Griesgletschers.

Rechts: Die Zunge des Rhonegletschers in ungewöhnlicher Perspektive, aufgenommen am 21. August 1980. An den flankierenden Felswänden können frühere Gletscherstadien abgelesen werden. Im Vordergrund die nach Gletsch absteigende Furka-Straße beim Hotel Bellevue.

Folgende Doppelseite: Das Lötschental bei Blatten, vom Bietschhorn nach Norden gesehen. Am Südhang des Tals ist die Gebirgslandschaft von Gletschern geprägt, an den nördlichen Hängen zeugen Forststraßen von moderner Erschließung der Wälder. Immer noch eine beinahe intakte Landschaft.

Oben: Auf das Matterhorn kann auch der Flugphotograph nicht verzichten, wenn er sich ins Wallis wagt. Kraß aus dieser Sicht ist der Kontrast zwischen der Hochgebirgslandschaft und dem zersiedelten Talboden von Zermatt. Aufnahme vom 9. September 1990.

Rechts: Das Rhonetal bei Brig und Naters am 9. Juli 1990. Vom historischen Kern ausgehend haben sich Siedlungen über das ganze Tal ausgebreitet. Eindrücklich wirken die Schienenbündel von Simplon- und Lötschbergbahn. Unten im Bild die Simplon-Autostraße.

Oben: Der Pfynwald auf der Sprachgrenze zwischen Ober- und Unterwallis, ein aus dem Illgraben vorgeschobener bewaldeter Schuttkegel, der zu den erhaltenswerten Landschaften gehört. Der Rotten, an dieser Stelle noch nicht in einen Kanal gezwängt, drängt wild durch die Landschaft. Rotten wird im Oberwallis die Rhone genannt. Gefährdung auch hier: Verbauungen, Kiesausbeutung und der näher rückende Bau der Autobahn können nicht übersehen werden. Aufnahme vom 2. Mai 1990.

Unten: Salgesch mit seinem ausgedehnten Rebberg am Nordhang des Rhonetals. Am 2. Mai 1990, dem Tag unserer Aufnahme, präsentierte sich die Landschaft ausgetrocknet und ohne Farben.

Rechts: Der Lac de Moiry (2249 m), ein Stausee im gleichnamigen Tal südlich von Siders, liegt in einer abgelegenen Berglandschaft. Die Aufnahme stammt vom 6. September 1990.

Links: Das über einen steilen Hang hingestreute Nendaz mit Ferienwohnungen und Residenzen. Die einzelnen Baugruppen werden von Basse- nach Haute-Nendaz durch ein dichtes Straßennetz erschlossen. Das ursprüngliche Dorf ist am Bildrand unten links zu erkennen. Die Landwirtschaft wurde immerhin nicht ganz vergessen. Aprikosen- und Erdbeerkulturen sind in verschiedenen Höhen angelegt. Aufnahme vom 2. September 1990.

Oben: Eine Aufnahme mit der Walliser Kantonshauptstadt vom 25. Juni 1990. Valère und Tourbillon, malerisch auf ihren Hügeln gelagert, beherrschen die tiefer gelegene Altstadt. Ein Blick talaufwärts zeigt erneut, wie die moderne Mobilität der Landschaft zusetzt. Die Autobahn frißt sich in einst landwirtschaftliche Böden hinein. An die Eisenbahn und an kleinere Straßenzüge hat man sich gewöhnt.

Alpenpässe – vor allem Simplon und Großer St. Bernhard – haben die Geschichte des Wallis bestimmt. Als lebenswichtig erwies sich der Weg nach Süden, der auch die Siedlungsformen an den Durchgangsstraßen geprägt hat – zum Beispiel im Val d'Entremont, das zum Großen St. Bernhard führt.

Oben: Letzte Station auf dem Weg zum Paß ist im Val d'Entremont das gut erhaltene Dorf Bourg-St.-Pierre, das heute vom großen Verkehr umfahren wird.

Unten: Zwischen Bourg-St.-Pierre und der Paßhöhe wird der Talboden vom Stausee Lac des Toules überdeckt. In den Fluten des Sees ist die alte Paßstraße versunken.

Rechts: Paßhöhe und Hospiz des Grossen St. Bernhard mit dem kleinen See, an dessen südlichem Ende italienisches Territorium beginnt. Der Paß, zu dessen Geschichte Napoleon, die Mönche und die Bernhardinerhunde gehören, zieht im Sommer Scharen von Touristen an. Die Aufnahmen vom Val d'Entremont und vom Paß stammen vom 9. Juli 1990.

Die Maschine der Swissair Photo flog die imposanten Türme der Tour d'Aï von Nordwesten her an. Jenseits der Höhen liegt Leysin, rechts unten im Rhonetal Aigle. Auf dieser Aufnahme vom 10. Dezember 1983 dominiert im Vordergrund die Geologie: Ein sedimentärer Aufbau mit mariner Ablagerung ist zu erkennen, vergleichbar mit Jura und Dolomiten. Die Gebirgsformationen im Hintergrund von den Diablerets bis zu den Dents du Midi weisen hingegen kristalline Formen auf.

Folgende Seite: Schloß Chillon auf einer Insel im Genfersee. Man denkt an die unzähligen alten Ansichten und Postkarten und möchte doch nicht auf die Aufnahme verzichten. Die geheimnisvolle Geschichte – die Bischöfe von Sitten, die Herzöge von Savoyen, Bern und die Waadt waren beteiligt – wurde von Dichtern wie Lord Byron dramatisch überhöht. Das beispielhafte Bauwerk mit seinen klaren Strukturen verfehlt auch heute nicht seine Wirkung. Seiner alten Bestimmung, den Engpaß zwischen See und Steilhang zu schließen, wird die Burg nicht mehr gerecht. Die Aufnahme vom 16. September 1989 macht deutlich, wie die Verkehrswege – Autobahn, Kantonsstraße, Eisenbahn – die ehemalige Sperre dreifach durchbrechen.

DEUTSCH UND WELSCH

Marcel Schwander

Auf der Bahnfahrt von Bern Richtung Lausanne öffnet sich nach dem Tunnel von Chexbres der Blick auf den Genfersee: eine leuchtendblaue Fläche im Kranz der Berge – wie eine Vorahnung vom Mittelmeer. Der Rebberg am Tunnelausgang wird oft scherzhaft »Clos des Billets« genannt: Hier sollen die Deutschschweizer, entzückt über die schöne Landschaft, ihr Retourbillet zum Zugfenster hinauswerfen.

Die Distanz Zürich–Lausanne erscheint dem Deutschschweizer kürzer als der umgekehrte Weg dem Romand. Deutschschweizer hegen für die Romands viel Sympathie – die nicht immer erwidert wird. Laut einer Untersuchung der Zürcher Soziologen Fischer und Trier sehen Deutschschweizer sich in der Nähe von Eigenschaften wie »stark, rauh, ernst, fleißig«, den Westschweizer »gelöst, froh, lustig, leicht, sympathisch«. Der Romand sieht »einem Wunschbild nicht unähnlich«, doch der Deutschschweizer betrachtet sich als den »typischen Schweizer« und wird in dieser Meinung vom Romand bestärkt. Der Romand fühlt sich vor allem der Suisse romande zugehörig und als solcher erst Schweizer.

Landesgrenzen und Sprachgrenzen

Amerikaner reisen im gleichen Sprachgebiet vom Atlantik zum Pazifik; wir überqueren auf der Fahrt vom Boden- zum Genfersee mindestens einmal die Sprachgrenze. Diese zieht sich heute von Ederswiler durch den Jura nach Biel/Bienne, durch das Seeland und Murten/Morat, dann einige Kilometer der Saane (Sarine) entlang nach Fribourg/Freiburg; sie erreicht über La Berra das Oldenhorn und scheidet schließlich bei Sierre/Siders das Deutsch- vom Welschwallis.

In römischer Zeit sprach ganz Helvetien lateinisch; Münzen und Marken mit der Aufschrift »Helvetia« erinnern daran. Zur Zeit der Völkerwanderung, lange vor dem Rütlischwur, wurde das Land zwischen Alpen und Jura mehrsprachig: die Burgunder im Westen nahmen die römische, romanische Sprache an, die Alemannen im Osten blieben bei ihren germanischen Rachenkrachlauten. Um das Jahr 1000 lagen die Sprachgebiete weitgehend fest. Um 1500 eroberte Uri Gebiete in der Lombardei, Bern (zusammen mit Freiburg) die savoyische Waadt: die Eidgenossen gewannen »welsche« Untertanen und Alliierte (so Genf), doch die Tagsatzung sprach nach wie vor deutsch. Erst mit der französischen Revolution wurden die französisch- und italienischsprachigen Gebiete gleichberechtigt.

Wer aus dem Ausland zurückkehrt, spürt nach dem »Grüezi«, »bonjour«, »buon giorno« oder »allegra« in Kloten, Cointrin, Chiasso oder Scuol das Gemeinsam-Schweizerische: dieselben Uniformen der Grenzwächter und Zöllner (daneben dieselbe lokale Uniformenvielfalt), dieselbe Schokolade, vergleichbare politische Institutionen. Doch wer die Sprachgrenze im Landesinnern überschreitet, bemerkt das Andersartige: der Kaffee wird anders geröstet; welsche Käser produzieren den Greyerzer (mit kleinen Löchern), alemannische den Emmentaler (mit großen Löchern); die Lieblingsspeisen sind verschieden.

Jede Sprache ist Ausdruck eines kollektiven Bewußtseins, geprägt durch Geschichte, Psychologie und Politik, jede bietet ein anderes Denksystem, eine andere Weltschau, eine andere Weltanschauung. Die Sprachen haben, wie Hermann Weilenmann schreibt, »die Kraft in sich, ein tiefes Gemeinschaftsbewußtsein zu schaffen, das für das Werden und Vergehen ganzer Staaten und Nationen von entscheidender Bedeutung sein kann«. Ihre Verschiedenheit ist laut Wilhelm von Humboldt »nicht nur eine von Schällen und Zeichen, sondern eine Verschiedenheit der Weltansichten selbst«. Mit dieser Verschiedenartigkeit muß die Schweiz leben, ja mehr noch: ohne sie gäbe es keine Schweiz.

Vielfältige Suisse romande

Die Bündner Rumantschia umfaßt nur Teile eines Kantons, die italienische Schweiz besteht zu 95 Prozent aus dem Kanton Tessin, die französische Schweiz verteilt sich auf mehrere Kantone. Jedenfalls ist sie die Minderheit mit dem größten Gewicht, auch wenn sie nur 20,1 Prozent (1910 noch 22,1 Prozent) der Schweizer Bürger (18 Prozent der Landeseinwohner) vereint.

Die französische Schweiz ist vielfältig gegliedert: jeder Kanton hat seine eigene Geschichte, seine besonderen Institutionen und seine eigenständige Art; die Landschaft spiegelt sich im Geschmack des Weins wie im Charakter der Menschen. Im Bergland Wallis dominiert die Geographie: hohe Berge, tiefe Täler; der Punkt mit den meisten Niederschlägen liegt dicht neben dem trockensten Gebiet des Landes. Im Jura triumphiert lebendiges Geschichtsbewußtsein. Neuenburg ist das Land des technischen Erfindergeistes: Pierre Jacquet-Droz baute im 18. Jahrhundert menschenähnliche Automaten, die Vorläufer heutiger Roboter; der Architekt Le Corbusier wurde in La Chaux-de-Fonds geboren. Freiburg, einst katholisches Bollwerk, ist Brückenland zwischen Deutsch und Welsch. Der Springbrunnen in der Genfer Bucht gilt nicht nur als touristisches Symbol: die Stadtrepublik machte, anders als etwa Bern, keine Gebietseroberungen, sondern strebte aufwärts ins Reich des Geistes. Der Spötter Talleyrand bezeichnete Genf als einen besonderen Kontinent, und tatsächlich kennt man die Uno-Stadt im Ausland vielfach besser. Was für Genf die Vertikale, ist für die Waadt die Horizontale: das Kernland der Westschweiz liegt breit und behäbig da, es erstreckt sich über die drei großen Landschaftstypen Alpen, Mittelland und Jura; als einziger Kanton hat die Waadt die Dreiheit Brot, Wein und Salz.

Die Romandie hat kein gemeinsames Zentrum. Wichtige Entscheidungszentren liegen außerhalb der Region: politisch in Bern, wirtschaftlich in Zürich, kulturell in Paris. Der Historiker David Lasserre kam einst zum Schluß:

»Eine Suisse romande – abgesehen von der Region, in der man französisch spricht – gibt es nicht, das heißt: sie bildet keine spezifische Einheit.« Der Journalist Alain Pichard schrieb ein Buch über die Romandie mit dem paradoxen Titel »La Romandie n'existe pas«. Nach Ansicht anderer Autoren – so Michel Bassand, Professor an der ETH Lausanne – existiert eine Romandie als »das Gebiet einer von der Deutschschweiz dominierten Minderheit«. Und diese Ansicht scheint immer deutlicher an Gewicht zu gewinnen.

Die Westschweiz: anders als Paris

Die Westschweiz spricht französisch, aber anders als Paris. Der größte Teil der Westschweiz gehört zum francoprovenzalischen Sprachgebiet, das den Übergang zwischen der »langue d'oc« (Provenzalisch) im Süden und der »langue d'oïl« (Französisch) im Norden bildet. Die Bezeichnungen gehen auf die früher verschiedene Aussprache von »oui« (ja) als »oc« (von lateinisch »hoc«) und »oïl« (von »hoc ille«) zurück. Einen Sonderfall bildet der Kanton Jura: die Jurassier sprechen französische Dialekte.

Die Mundarten sind zwar zumeist ausgestorben. In den protestantischen Kantonen hatte ihnen schon die Reformation zu Grabe geläutet: die Bibel wurde in »gutes« Französisch übersetzt; den Predigern, oft aus Frankreich, blieb die Volkssprache fremd. Die Revolution wollte das Volk auf das sprachliche Niveau des Königshofs »heben«, und noch bis ins 20. Jahrhundert versuchten Schulmeister, die letzten Mundartüberreste mit »Tatzen« auszutreiben. Nur noch in einigen Walliser Dörfern ist »le patois« Umgangssprache. In letzter Zeit schenkt man den Dialekten wieder vermehrte Aufmerksamkeit; der junge Kanton Jura erwähnt Mundartförderung in der Staatsverfassung.

Die Umgangssprache in der Westschweiz ist jedoch stark lokal gefärbt. Wer in der Wirtschaft »un demi« verlangt, erhält in Paris ein Bier, in der

Waadt einen Halbliter Weißwein. Wer »gymnase« sagt, meint in Paris die Turnhalle, in Lausanne das Gymnasium (das im Jura »Lycée« und in Genf »Collège« heißt). Viele Westschweizer zählen 70, 80, 90 weniger umständlich als in Frankreich: »septante, huitante, nonante«; das Wort »poutzer« (putzen) ist über die Armee in die Hausfrauensprache übergegangen; die militärischen Altersklassen Landwehr und Landsturm heißen auch im Schweizer Französisch so; die Offiziersgrade lauten anders als in Frankreich, wo der Major nicht »major«, sondern »commandant«, der Leutnant nicht »lieutenant«, sondern »souslieutenant« genannt wird. Das Postfach heißt in der Schweiz »case postale« (nicht »boïte postale«), die Serviertochter »la sommelière« (nicht »la serveuse«), das Kuchenblech »plaque à gâteau« (nicht »moule à tarte«). Und es gibt Westschweizer Ausdrücke, die für Franzosen ebenso unverständlich sind wie Schweizerdeutsch für Deutsche, etwa: »Une voiture te gicle en roulant dans une gouille« (Ein Wagen spritzt dich beim Durchfahren einer Pfütze an). Doch zahlreiche Helvetismen – so »röstis« und »yasse« – glänzen inzwischen bereits im »Petit Larousse«.

Und Französisch wird nicht nur in der Westschweiz und Frankreich, sondern auch in vielen andern Ländern gesprochen; es öffnet der Schweiz Fenster und Türen zur Welt, besonders zur Dritten Welt.

Politische Minderheit

Noch eine Verschiedenheit: Westschweizer denken manchmal als Staatsbürger anders als die Deutschschweizer Mehrheit. Ende November 1989 (es ging um Tempolimiten im Straßenverkehr) stimmten die sechs Kantone der französischen Schweiz – Genf, Waadt, Neuenburg mit protestantischer Tradition wie die katholisch geprägten Stände Wallis, Freiburg und Jura – anders als die übrige Eidgenossenschaft: sie wollten schneller fahren. Jura und Genf votierten an jenem Sonntag gar als einzige Stände für die Abschaffung der Armee. Schon zuvor war die Westschweiz oft überstimmt worden: beim Obligatorium für Sicherheitsgurten und bei Fragen wie Mieterschutz, Recht auf Wohnung, Waffenausfuhrverbot oder Anti-Atom-Initiativen. Die Westschweiz ist meist weltoffener und verharrt weniger in einer Igelmentalität als die Deutschschweiz – so auch im Hinblick auf die europäische Einigung, die dereinst die helvetische Souveränität beschränken könnte. Doch zuweilen zeigt sich ein kantonalistischer Abwehrreflex gegen »Bern« (dann verbünden sich die konservativen Innerschweizer mit den Romands!); manchmal – wie bei den Verkehrsvorlagen – wirkt ein Drang zum Individualismus.

Im Ersten Weltkrieg entstand ein Graben: das Herz der Welschen schlug für Frankreich und die Alliierten, viele Deutschschweizer marschierten im Geiste mit dem preußisch-deutschen Kaiser. Carl Spitteler ermahnte die Deutschschweizer 1914 in einer denkwürdigen Rede über »Unsern Schweizer Standpunkt«: die Welschen seien, im Gegensatz zu den Reichsdeutschen, »mehr als nur Nachbarn, nämlich unsere Brüder«. Heute gibt es keinen »Graben«. Doch manche Beobachter warnen vor Gefahren für den nationalen Zusammenhalt:

Der zunehmende Gebrauch der Mundart in der Deutschschweiz (besonders in Radio und Fernsehen) wird von den Romands oft als Kontaktverweigerung empfunden.

Das Englische als Sprache der Jugend und der Technik vermindert das Interesse am Erlernen der zweiten Landessprache.

Das Fernsehen stärkt in der Westschweiz die Identité romande und die Identité francophone, nicht aber die nationale Identität. Moderne Medien trennen oft mehr, als sie verbinden;
– immer mehr Entscheidungszentren verlagern sich in die Deutschschweiz;
– in der Bundesverwaltung sind die Romands untervertreten;
– die Jurafrage wirkt zumindest unterschwellig weiter.

Sprachgrenzen fallen jedoch nicht notwendigerweise mit Kulturgrenzen zusammen. Das (zweisprachige) Wallis oberhalb der Schlucht von Saint-Maurice ist nicht nur geographisch in sich geschlossen; es bildet auch volkskundlich, in bezug auf die Hausformen, eine Einheit. Die Sprachgrenze bezeichnet auch nicht die Trennlinie zwischen »französischen« und »deutschen« Jasskarten. Sie bildet vor allem keine Schranke zwischen einem Deutschschweizer Röstiparadies und einer röstilosen welschen Wüste, wie das Modewort vom »Röstigraben« zu unrecht vermuten läßt. Rösti wird seit je auch am Lac Léman gegessen; die Romand übernahmen nur den kürzeren deutschen Namen. Im Freiburggebiet heißt Rösti übrigens »Hääpereprägu« (Hääpere sind Kartoffeln). Von einem »Hääperepräugraben« spricht glücklicherweise bisher noch niemand.

Die mehrsprachige Schweiz hält seit Jahrhunderten zusammen – gerade wegen ihrer Vielfalt. Denn die Sprachgrenzen werden von vielen andern Trennungen – politischer, konfessioneller, wirtschaftlicher Art – kreuz und quer überschnitten; das bunte Geflecht vielfältiger Kraftlinien und Kraftfelder sichert den Zusammenhalt. Die »Mannigfaltigkeit in der Einheit« hatte schon Gottfried Keller gelobt: »Ei! was wimmelt da für verschiedenes Volk im engen Raume, mannigfaltig in seiner Hantierung, in Sitten und Gebräuchen, in Tracht und Aussprache! Welche Schlauköpfe und welche Mondkälber laufen da nicht herum, welches Edelgewächs und welch Unkraut blüht da lustig durcheinander...!«

Die Schweiz, seit ihrer Gründung am Gotthard ein Land des Übergangs zwischen Deutsch und Welsch, hat eine Rolle als kulturelle Drehscheibe Europas zu erfüllen. Dazu muß ihr die Verschiedenheit – besonders jene der Sprachen – erhalten bleiben. Sie hat Gipfel und Gräben; würden diese eingeebnet, so käme das Land – flach heraus.

Genfersee - Waadt - Jura - Neuenburger- und Bielersee - Basel - Aargauer Jura

Am Waadtländer Ufer des Genfersees und in der weiten Ebene, die gegen den Jura ansteigt, sind – in den städtischen Siedlungen vor allem – neben den Bildern einer lebendigen Gegenwart immer auch Spuren der Vergangenheit zu erkennen. Savoyen, Burgund, das alte Bern sind in steinernen Zeugen sichtbar und gegenwärtig. Doch es bleibt nicht beim archäologischen Befund: Die Bindung an jetzt außerhalb der Landesgrenzen liegende Kulturen hat das Land und seine Gesellschaft bis heute beeinflußt. Das ist kein Thema für den Flugphotographen. Seine Aufnahmen vermögen immerhin, Schauplätze der Geschichte näherzurücken.

Rechts: Das mittelalterliche Städtchen Aubonne wurde auf einer Terrasse über dem Steilufer des gleichnamigen Flüßchens errichtet. In ihrem Kern intakt, mit erstaunlicher Dachlandschaft, bietet die Altstadt für den Betrachter von oben ein harmonisches Bild. Im Hintergrund breitet sich eine intensiv bewirtschaftete Agrarlandschaft aus. Aufnahme vom 12. September 1984.

Oben: Das Quartier de la Cité, der am besten erhaltene Teil der Altstadt von Lausanne. Die herausragenden Bauten in diesem hoch gelegenen Stadtteil sind die Kathedrale Notre Dame und die kubische Konstruktion des Schlosses St. Maire, ehemaliger Sitz des Bischofs. Von der dominierenden Terrasse sinkt die Stadt ab zum Quartier du Bourg, von dem – am Bildrand oben rechts – die Kirche St. François sichtbar ist.

Rechts: Die mittelalterliche Kleinstadt von Nyon, deren Häuser zum Teil auf den Fundamenten der römischen Garnisonsstadt Colonia Julia Equestris stehen, fällt durch ihre kreisrunde Anlage auf. Betrachtet man das moderne Nyon aus der Luft, so bemerkt man, daß die Proportionen aus dem Gleichgewicht geraten sind. Die Altstadt am See beansprucht nur einen unbedeutenden Bruchteil der besiedelten Fläche. Die aus großer Höhe gemachte Aufnahme stammt vom 20. September 1988.

Links: Weinbauern-Dörfer und Städte am Genfersee sind meist gut erhalten. Unsere Schrägaufnahme vom 12. September 1984 zeigt Bursinel inmitten seines Rebbergs. Die Rebhänge selber sind, so ästhetisch sie wirken mögen, geometrisch starr angelegt, die Natur ist ausgeräumt.

Rechts oben: Das mittelalterliche St. Prex mit seiner charakteristischen dreieckigen Stadtanlage liegt auf einer Halbinsel im Genfersee. Ursprünglich war die Siedlung durch einen Graben vom Hinterland getrennt. Aufnahme vom 25. Juni 1987.

Rechts unten: Das geschlossen wirkende Zentrum von Morges in einer Aufnahme vom 25. Juni 1987. Im Vordergrund links steht das Schloß, ein weitgehend im Originalzustand erhaltenes Beispiel des »carré savoyard« mit den vier massiven Ecktürmen. Der im Jahre 1696 angelegte Hafen war ursprünglich dazu bestimmt, die Berner Flotte aufzunehmen.

Die Geschichte Genfs läßt sich deutlich am Stadtbild ablesen. Am linken Rhoneufer entwickelte sich aus dem gallischen Oppidum eine römische und später eine mittelalterliche Stadt, die heute noch im Flugbild klar abgegrenzt ist. Um die alte Bausubstanz herum wuchs auf beiden Rhoneufern ein Gemeinwesen heran, dessen Bürgerschaft trotz turbulenten Zeitläufen Wirtschaft, Handel und Gewerbe entwickelte. Geographisch in einer Grenzsituation, war man Savoyen, Frankreich und der bernischen Waadt benachbart. In der Stadt trafen Religion, Kunst, Literatur und Wissenschaft in nicht immer friedlicher Begegnung aufeinander.

Oben: Die zum Wahrzeichen von Genf gewordene mächtige Fontäne des Jet d'Eau auf der linken Hafenmole, aufgenommen am 16. September 1989.

Rechts: Aufnahme vom Genfer Stadtzentrum – 22. Oktober 1989 –, wie es sich in seinen internationalen Dimensionen präsentiert.

Die Altstadt von Yverdon mit dem Schloß in der Mitte, aufgenommen im Tiefflug am 25. Juli 1978. Auch diese Burg ist ein hervorragendes Beispiel für das in der Waadt verbreitete Muster des savoyardischen »carré«. Unter den vier Ecktürmen fällt der als Wohnturm ausgebaute »Donjon« durch seine massiven Dimensionen auf. In diesem Gebäude saß während der Herrschaft der Berner ein Landvogt. Von 1805–1825 führte hier Heinrich Pestalozzi ein Knabeninstitut.

Links: Winter im hochgelegenen Vallée de Joux – Aufnahme vom 18. März 1987. Das Flugzeug des Photographen befand sich über dem bewaldeten Grenzberg Mont Risoux. Der Blick geht über das Längstal – eine typischen Synklinale – auf den im Nordosten gelegenen Höhenzug des Mont Tendre.

Rechts: Die beiden miteinander verbundenen Juraseen Lac de Joux und Lac Brenet, dazwischen die Ortschaft Le Pont. Der Lac Brenet war früher wegen seiner geheimnisvollen »entonnoirs« bekannt, einer besonderen Art von Trichtern im Jura-Kalk, in denen das Wasser verschwand. Noch heute fällt das Wasser des Lac Brenet in eine Kluft und tritt bei Vallorbe als sogenannte Orbe-Quelle wieder zutage. Über die Landbrücke zwischen den Seen führt die Straße, die – links am Bildrand – zur französischen Grenze auf dem Petit Risoux ansteigt. Rechts ist die Straße auf den Col du Mollendruz zu erkennen. Aufnahme vom 27. Mai 1990.

Die Grenze am Lac des Brenets – eine Aufnahme vom 29. Juni 1990. Der See, aus dem natürlich gestauten Doubs entstanden, ist ein langgezogenes Gewässer zwischen Felsen und Waldpartien. Die Grenze verläuft in der Mitte des Lac des Brenets. Auf unserer Aufnahme sind Motorboote zu sehen, die mit Touristen zwischen dem schweizerischen Les Brenets, dem französischen Villers le Lac und dem Saut du Doubs hin und her pendeln. Die Wasserführung im Jura ist den Launen der Natur unterworfen. So kann der »Saut« nach ergiebigen Regenfällen seine Fluten in imposantem Fall in den darunterliegenden Stausee Lac de Moron ergießen – am Bildrand rechts oben –, er kann aber auch zu einem dünnen Rinnsal verkommen. Wenn in kalten Wintern die Wasserfläche des Lac des Brenets gefriert, ist die Landesgrenze aufgehoben, soweit nicht die Steilufer ein natürliches Hindernis bilden.

Oben: Das Juradorf La Brévine, in einem Neuenburger Hochtal unmittelbar an der französischen Grenze gelegen, gilt als das »schweizerische Sibirien«. Die extreme Kälte hat mit der im Jura häufigen Temperaturinversion zu tun, die vor allem die Talböden heimsucht. An den nahen, etwas höher gelagerten Waldrändern treten jeweils gleichzeitig wesentlich höhere Temperaturen auf. Aufnahme vom 29. Juni 1990.

Rechts: Die im Neuenburger Hochland gelegene Industriestadt La Chaux-de-Fonds in der Längsrichtung von Südwest nach Nordost gesehen. Eine Aufnahme vom 27. September 1988. Die Entstehung dieser für die Schweiz einzigartigen Siedlung ist schon oft erzählt worden: Nach dem verheerenden Brand von 1794 errichtete man einen rechteckigen Hauptplatz, von dem aus alle Straßen in rechtem Winkel ausgingen. Nach den Plänen von Charles-Henri Junod fügte man von 1835 an ein schachbrettartiges Gebäude- und Straßenmuster an, von dem erst im 20. Jahrhundert gewisse Abweichungen erlaubt waren. Also ist die Uhrmacher-Metropole eine konstruierte Stadt.

Links: Eine von Süden nach Norden photographierte Übersicht über die Kantonshauptstadt Neuenburg. Das historische Zentrum mit Schloßhügel und Altstadt beansprucht auch hier nur einen bescheidenen Anteil an der gesamten Fläche. Im Zeitpunkt unserer Aufnahme – 25. Juni 1990 – waren große Bauarbeiten im Gang: im nördlichen Uferbereich und an der Autobahn, die in der Senke zwischen Schloßhügel und westlichem Höhenzug unterirdisch geführt wird.

Oben: Der in einer Senke eng zusammengedrängte Marktflecken Boudry mit gut erhaltener historischer Bausubstanz, aufgenommen am 25. Juni 1987.

Unten: Das einstige Winzer- und Fischerdorf Auvernier mit enger Straße und gedrängt ineinandergeschobenen Häusern. Aufnahme vom 27. Oktober 1980.

Folgende Doppelseite: Das freiburgische Estavayer am Ostufer des Neuenburgersees, aufgenommen am 25. Juni 1990. Vor der Absenkung des Seespiegels bei der Juragewässerkorrektion im letzten Jahrhundert lag das Ufer unmittelbar vor den Mauern der Altstadt. Was inzwischen auf dem gewonnenen Neuland an Bauten gewuchert ist, gehört nicht zu den städtebaulichen Meisterleistungen.

Oben: Die von Mauern und Türmen umgebene Altstadt von Murten, vom See her gesehen. Aufnahme vom 2. August 1984.

Rechts: Ein Ergebnis von zwei Juragewässerkorrektionen: das Große Moos zwischen Ins und Broye-Kanal. Noch im letzten Jahrhundert Sumpf- und Überschwemmungsgebiet, ist die Region mit ihrer fruchtbaren Erde zur Gemüsekammer geworden. An einigen Stellen sind noch die im letzten Jahrhundert nach altem Muster angelegten kleinen Parzellen sichtbar, an andern überwiegen großflächige Strukturen. Die Ebene ist von einem ausgedehnten Weg- und Kanalnetz durchzogen. Die Aufnahme stammt vom 29. Mai 1990.

Vorausgehende Doppelseite: Die St. Petersinsel im Bielersee – hier in einer Aufnahme vom 29. Mai 1990 –, bekannt als Zufluchtsort von Jean-Jacques Rousseau im Jahre 1765. Im Mittelalter stand ein Cluniazenserkloster auf der Insel, heute findet man ein Bauernhaus mit Gasthof. Die St. Petersinsel mit ihrer einzigartigen Natur ist geschützt. Zu Diskussionen Anlaß gibt die vorgesehene Räumung eines Zeltlagers, das in den letzten Jahren entstanden ist.

Oben: Die Kirche St. Imer und Theodul im Rebberg oberhalb des Straßendorfs Ligerz am Bielersee, aufgenommen am 16. Mai 1990.

Rechts: Ein wichtiger Programmpunkt der ersten Juragewässerkorrektion im vergangenen Jahrhundert war die Ableitung der träge fließenden Aare durch den Hagneck-Kanal in den Bielersee. Oben im Bild die Ortschaft Täuffelen. Aufnahme vom 29. Mai 1990.

Links: An der Südflanke des Chasseral liegen die »Pré d'Orvin« genannten Weiden mit buschigen Hecken und Bäumen, Bauernhöfen und weidendem Vieh. Alles in allem eine karge Landschaft, in der auch die Landwirtschaft noch naturbezogen ist. Aufnahme vom 25. Mai 1990.

Rechts: Ein Grenzfall: Der tief eingeschnittene Doubs trennt das jurassische Dorf Goumois – hier im Bild rechts vom Fluß – vom französischen Ortsteil gleichen Namens. Die beiden Siedlungen – Fließrichtung des Doubs auf dieser Aufnahme von unten nach oben – wurden stets als Einheit empfunden, wenn auch die Verbindung während den beiden Weltkriegen oft unterbrochen war. Eine völkerrechtliche Kuriosität wird für den Betrachter von oben augenfällig: Der Fluß ist im Grenzabschnitt des ehemaligen Bistums Basel, also des heutigen Kantons Jura, entgegen den internationalen Usanzen bis zum Schweizer Ufer französisches Territorium. Wer auf der Schweizer Seite mit beiden Füßen im Wasser steht, hält sich bereits in Frankreich auf. Die seltsame Regelung geht auf einen im Jahre 1780 zwischen dem in Pruntrut residierenden Fürstbischof und dem französischen König geschlossenen Vertrag zurück, in welchem der geistliche Herr die peinliche Konzession hatte eingehen müssen, weil er angeblich nicht imstande war, den Schmuggel über den Fluß zu unterbinden. Aufnahme vom 25. Juni 1990.

Links: Die Altstadt von Pruntrut, aufgenommen am 29. Juni 1990. Das Schloß im Hintergrund war die Residenz des Fürstbischofs von Basel, der von hier aus über eine weltliche und eine geistliche Herrschaft gebot. Mittelalterliche Bausubstanz und barocke Bauten prägen das Bild der Stadt.

Rechts oben: Der Hof Le Largin, der zur Gemeinde Bonfol gehört, liegt am Rande einer weit ins elsässische Largtal vorspringenden Waldzunge. Im Ersten Weltkrieg stießen hier die Schützengräben der kriegführenden Armeen an die Schweizer Grenze. Hinter dem Largbach – mit niedrigem Gehölz bestanden rechts unten im Bild – lagen die deutschen Stellungen. Die Franzosen hatten sich auf der anderen Seite des Baches eingegraben – auf unserer Aufnahme im Waldstück ganz rechts oben. Inzwischen ist die Szene im Largtal denkbar friedlich geworden. Die Kühe vom Larghof kümmern sich nicht um Grenzsteine und wandern ohne Formalitäten von einem Land ins andere. Aufnahme vom 29. Juni 1990.

Rechts unten: Blick über die Grenze nördlich von Charmoille in der Ajoie. Aufnahme vom 26. Juni 1990. Auf einer bewaldeten Anhöhe zwischen Levoncourt und Oberlarg erkennt man die Ruine Morimont, in der Geschichte als Mörsberg bekannt. Das auf französischem Territorium gelegene Trümmerfeld wird auch das »Rütli der Separatisten« genannt. Hier schworen im Jahre 1827 der junge Jurassier Xavier Stockmar und zwei seiner Freunde, den Jura von der Herrschaft Berns zu befreien.

Oben: Die Aufnahme vom 26. Februar 1979 zeigt die Spitze des winterlich verschneiten Chasseral, dahinter das Mittelland.

Rechts: Zwischen Moutier und Delémont liegt – ein typisches Phänomen des Kettenjura – die Klus von Choindez. Zwischen zwei Durchbrüchen durch den Jurakalk dehnt sich ein verhältnismäßig breites Becken aus, in dem die Stahlindustrie angesiedelt ist. In Choindez steht der einzige Hochofen der Schweiz. Rechts oben im Bild das Dorf Vellerat, das für Unruhe in der Region sorgt. Die Einwohner des Ortes fordern, vom Kanton Bern getrennt und dem Kanton Jura angegliedert zu werden. Aufnahme vom 27. Mai 1990.

Vorausgehende Doppelseite: Die Stadt Basel am Rheinknie, aufgenommen am 29. Juni 1987. Der Strom hat das Stadtbild seit dem Mittelalter wesentlich bestimmt. Charakteristisch für die Gegenwart sind die gewaltigen Verkehrsanlagen. Badischer Bahnhof, SBB-Bahnhof und Rheinhafen zeugen von der Schlüsselstellung Basels als nördliches Eingangstor der Schweiz. In dieser Aufnahme sind die Territorien dreier Länder erfaßt – sinnbildlich für die grenzüberschreitende Regio Basilensis.

Links: Liestal, Hauptort des Kantons Baselland, aufgenommen am 20. Juli 1989. Liestal gewann seine politische Stellung erst nach der Trennung von Basel im Jahre 1833, der blutige Wirren vorangegangen waren. Von seiner topographischen Situation her hatte der Ort seit dem Mittelalter den Zugang zu den beiden Hauensteinpässen beherrscht.

Oben: Der Flugphotograph als Reporter: Am 4. Mai 1985 stand in Arlesheim ein Hof in Flammen, ein Ereignis, das hier im Bild festgehalten ist.

Links: Das aargauische Rheinfelden mit seiner deutlich erkennbaren Altstadt. Wichtige Teile der mittelalterlichen Wehranlagen sind noch vorhanden. Am nördlichen Ufer des Rheins liegt das badische Rheinfelden, das inzwischen zu einer bedeutenden Industriestadt angewachsen ist. Aufnahme vom 26. Juli 1990.

Rechts: An der Staffeleggstraße, die aus dem Fricktal über den Jura nach Aarau führt, liegen die Dörfer Ueken und Herznach. Der von Tälern zerfurchte Tafeljura bietet hier das Bild einer reich gegliederten Kulturlandschaft. In einer Landesbeschreibung von 1801, als das Fricktal noch zu Österreich gehörte, pries ein Autor diese Region: »Arbeitsamkeit und reger Fleiß in der Bearbeitung seiner Landstücke zeichnen den fricktalischen Landmann rühmlich vor vielen schweizerischen Bauern aus. Fast jeder Dorfbann im Fricktal dient andern zum Muster, und oft ist es schwer zu entscheiden, ob das Weingelände, die Wiesen oder die Getreidefelder besser unterhalten sind. Wenigstens wechseln sie zu nicht geringem Vergnügen des Wandersmanns miteinander ab.« Die Aufnahme stammt vom 20. Juli 1990.

Oben: Der Jurakalk wird an verschiedenen Orten zur Zementherstellung genutzt. Aufbrüche und Wunden in der Landschaft sind dabei nicht zu vermeiden, wie diese Aufnahme vom 3. Juli 1985 beweist, in der ein Steinbruch beim aargauischen Holderbank abgebildet ist.

Rechts: Energie-Erzeugung auf engem Raum: Der Kanton Aargau steht im Ruf, in Bezug auf Kraftwerke ganz vorne zu stehen. Unsere Aufnahme vom 9. Oktober 1987 gibt einen weiten Überblick vom Wald von Würenlingen nach Norden bis zur Aaremündung bei Koblenz. In der Bildmitte sichtbar sind auf der Aareinsel die Atomkraftwerke Beznau I und Beznau II sowie das alte Flußkraftwerk. Weiter unten ist der Stausee mit dem Kraftwerk Klingnau zu erkennen, während im Rheintal jenseits der niedrigen Jurahöhen die Dampffahne des Kühlturms von Leibstadt ein weithin sichtbares Signal setzt. Am Rhein liegt außerdem das deutsche Flußkraftwerk Albbruck-Dogern.

Folgende Seite: Geographisch, wirtschaftlich und politisch ist die Stadt Solothurn mit dem Jura eng verbunden, denn der Kanton – ein topographisch zerstückeltes Gebilde – dehnt sich über den Paßwang bis zur Grenze des Sundgau aus. Aufnahme vom 27. September 1988.

UNSICHTBARE GRENZEN

Alain Pichard

In den Bildern des vorliegenden Bandes offenbart sich die ganze Vielfalt einer Human- und Natur-Landschaft, wie sie vielleicht nur die Schweiz besitzt. Diese Vielfalt ergibt sich zunächst aus der Gestalt der Erdoberfläche, welche zu den unterschiedlichsten klimatischen Strukturen, Siedlungs- und Nutzungsbedingungen geführt hat. Weideland im Jura, Weinberge über dem Genfer See, Ackerbau und Getreidefelder im Mittelland, Obstbau im Thurgau, Viehzucht im Voralpengebiet, Terrassenlandschaft in den Hochalpen und im Tessin: auf so unterschiedliche Weise hat sich der Mensch seiner natürlichen Umgebung angepaßt. Dazu gehören außerdem spezifische, isoliert oder gemeinschaftlich auftretende Formen menschlichen Wohnens sowie verschiedenen Traditionen verpflichtete Bauweisen, vom Chalet im Simmental zum Engadinerhaus und vom Tessiner Natursteinbau zum Appenzeller Bauernhaus.

Doch die Schweiz wäre nicht die Schweiz, fände man nur solch sichtbare Nuancierungen. Vielmehr besitzt das Land noch eine Unzahl innerer und äußerer Abgrenzungen, die man schwerlich aus der Luft, oft sogar nicht einmal am Boden ausmachen kann.

Die Grenzen des Landes

Wie gesagt, das Phänomen betrifft eben auch die Landesgrenzen; von derjenigen im Norden abgesehen, wo sie durch den Verlauf des Rheins gekennzeichnet ist, lassen sich die übrigen Grenzen auch vom Flugzeug aus nicht mit Sicherheit bestimmen. Im Jura etwa dürfte es schwerfallen, ein zur Franche-Comté gehörendes Dorf von einer Ortschaft in den Schweizer Freibergen zu unterscheiden. Hier wie dort derselbe Typus des weit ausladenden, blechverkleideten Steinhauses, dieselbe Form des Kirchturms. ... In den Alpen wiederum bilden die höchsten Kämme nicht immer auch die Landesgrenze, denn an vielen Stellen verläßt sie die Wasserscheide, um sich in südlicheren Gefilden zu verlieren. So bildet das Tessin lediglich ein Stück lombardischen Bodens, das im Laufe der Geschichte und einiger Feldzüge willkürlich aus den alpinen Südhängen herausgetrennt wurde. Wie seinen italienischen Nachbargebieten sind ihm jedoch dieselbe Landschaftsstruktur mit den Alpenrand-Seen, dieselbe Architektur und Eßkultur, derselbe Dialekt, also alles außer Währung und Reisepaß zu eigen.

Hier und da greift Schweizer Gebiet auf nachbarliches Territorium über und bildet ein »Guckfenster«. Die Ajoie beispielsweise, von den Deutschschweizern liebevoll »Pruntruter Zipfel« benannt, ist letztlich ein Stück der Elsässer Ebene, beziehungsweise der Franche-Comté, das am Schweizer Jura hängt. In den Umrissen des Kantons Schaffhausen könnte man leicht eine Art helvetischen Ohrs nördlich vom Rhein erkennen, das ins südliche Deutschland hineinhorcht. Im Mendrisiotto, das heute zu Italien gehören würde, hätte Napoleons Niederlage in Rußland nicht seine Pläne durchkreuzt, wirken die Häuser mit ihren großen Loggien schon ganz lombardisch. Die Bewohner des Puschlav schließlich haben wirtschaftlich gesehen ein Bein auf den Skipisten des Oberengadins, das andere in den Weinbergen des italienischen Veltlins.

An anderen Stellen hingegen greift das Ausland auf Schweizer Regionen über, so im Fall des Kantons Genf, wo nur das Kernstück des Genfer Becken schweizerisch ist, während das Hinterland schon zu Frankreich gehört. Und die Stadt selbst hat im Lauf der Jahrhunderte eine so hohe Anzahl Savoyer Zuwanderer assimiliert, daß die übrigen Eidgenossen sich hier schon halb in Frankreich wähnen. Im Gegensatz dazu hat sich die Stadt Konstanz, obwohl am schweizerischen Ufer des Bodensees, ihr deutsches Wesen erhalten. Mancherorts haben hohe Schweizer Löhne einen so starken Zustrom von Arbeitskräften aus den Nachbarländern verursacht, daß grenzüberschreitende Großsiedlungen entstanden sind. So lassen sich, aus der Luft betrachtet, Genf kaum noch von Annemasse, Kreuzlingen von Konstanz, Basel vom elsässischen Saint-Louis oder vom badischen Weil trennen. Ganz zu schweigen von jenen Dörfern mit doppelter Nationalität wie Saint-Gingolph im Wallis oder Goumois im Jura, wo Staatsangehörige beider Nationen gemeinsam eine einzige Kirche und nur einen Friedhof benutzen.

Jedes staatliche Gebilde, von Inselstaaten einmal abgesehen, muß sich zwar mit einem geschichtlich bedingten Element der Willkür an seinen Landesgrenzen abfinden. Auch gibt es wohl in jedem Land innere Unterschiede und Grenzen. In der Schweiz jedoch ist dieses Phänomen offenkundiger und wird bewußter erlebt, da vom förderalistischen System institutionalisiert. Die Eidgenossenschaft hat ihre Wurzeln im Zentrum der Alpen, in einem von hohen Bergketten geprägten Gebiet. Trotz der Ausweitung auf das Mittelland hat sich das partikularistische Grundmodell bis heute erhalten oder besser gesagt: die Partikularismen, wie sie überall im Europa des Mittelalters zu beobachten sind, konnten sich dank der förderativen Staatsform der Schweiz über zentralistische Bestrebungen und die neuzeitliche Entwicklung zu bedeutenden europäischen Einheitsstaaten hinweg erhalten.

Die Mikrokosmen

In erster Linie ist die Schweiz nicht eine Nation, sondern ein Bund von sich gegenseitig bedingenden Mikrokosmen – Kantonen, Tälern, Dörfern. Selbst zwischen den meisten Kantonen bestehen willkürliche Grenzen, Folge einer von den ehemals freien Städten betriebenen Expansionspolitik, die sich eher durch Opportunismus als durch systematisches Vorgehen auszeichnete. Nur das zwischen zwei hohe Bergzüge mit ewig verschneiten Gipfeln eingebettete Wallis sowie die kleinen Agrarkantone Uri, Obwalden, Nidwalden und Glarus in der Zentralschweiz bilden topographisch in sich geschlossene Gebiete. Die beiden Appenzeller Kantone hingegen, die einem in jeder Hinsicht ausgeprägten Partikularismus huldigen, haben bemerkenswert offene Grenzen. Beide besetzen einfach die höheren Zonen eines weiter ausgreifenden Hügellandes, an dem man – von den Churfirsten bis zum Bodensee – deutlich den Hang zu bäuerlichem Individualismus und die Nostalgie nach der großen Zeit der Textilindustrie ablesen kann.

Auch das dreisprachige Graubünden, der Schweizer Alpenstaat schlechthin, verzettelt sich über vier verschiedene Flußgebiete. Der jahrhundertealte Kanton beweist anschaulich, daß Bergpässe zum Zusammenschluß der Menschen ebenso beitragen können wie die Zugehörigkeit zu einem Tal. Das Engadin, im oberen Inntal gelegen, bildet gewiß eine geographische Einheit. Hier hat sich eine ganz besondere Kultur herausgebildet, von der nicht zuletzt das berühmte Engadiner Haus, ein Holzbau mit phantasievoll dekoriertem Steinmantel, Zeugnis ablegt. Zwei besonders schöne Engadiner Dörfer jedoch, Filisur und Bergün, liegen außerhalb des eigentlichen Engadins im oberen Albulatal. Die Bewohner der beiden Bergdörfer haben nicht nur Konfession, Schriftsprache und Baustil ihrer Vettern auf der andern Seite des Albulapasses übernommen, sondern sogar deren Auswanderungstradition. Nicht ganz so weit sind die Bewohner des Unterwallis und des Aostatals gegangen, wenn sie trotz doppelter Trennung durch Landesgrenze und Wasserscheide die fast gleiche Mundart sprechen und ihre Leidenschaft für Kuhkämpfe teilen. Die Urner schließlich mögen noch so sehr den deutschschweizer Widerstand gegen das Ausländische versinnbildlichen; ihre traditionelle Küche ist, von Reisrezepten bis zur Zubereitung von Kastanien, reich an lombardischen Gerichten.

Sprachgrenzen

Am eindringlichsten sind den Schweizern allerdings die Sprachgrenzen bewußt. Auch sie lassen sich nicht aus der Luft erkennen, außer vielleicht im Fall des Italienischen, das nahezu überall bis zu den Alpenkämmen hinaufklimmt. In der Kollektivvorstellung übernimmt die Saane mit ihren tief eingeschnittenen Mäandern die Rolle der Trennungslinie zwischen Welschen und Deutschsprachigen. In Wirklichkeit bilden nur einige wenige Kilometer der Saane bei Freiburg die Sprachgrenze, das wie übrigens auch Biel Treffpunkt beider Sprachgemeinschaften ist. Im übrigen verläuft die Sprachgrenze jedoch im Mittelland durch Wald und Feld, erklettert Jura und Alpen und schneidet Täler an völlig unvermuteten Stellen. Von Beschilderungen und Inschriften abgesehen sind die welschen Dörfer bei Delsberg denjenigen im Solothurner oder Basler Jura zum Verwechseln ähnlich. Die Winzerhäuser von Ligerz (Gléresse auf Französisch) erinnern ebenso auffallend an das Burgund wie diejenigen von La Neuveville. Die Chalets im waadtländischen Pays d'Enhaut zeugen für dieselbe traditionelle Hirtenkultur wie im Berner Saanenland (Gessenay). Die auf Pfählen errichteten Stadel und Speicher im Val d'Anniviers schließlich gleichen haargenau diesem Bautypus im Mattertal. In Graubünden wiederum bildet die sprachliche Topographie ein regelrechtes Mosaik, denn hier hat sich das rätoromanische Gebiet unter dem deutschsprachigen Druck in zahlreiche Einzelteile zersplittert. Man behauptet, die Sprachgrenze verlaufe hier sogar durch die Köpfe der Rätoromanen, die als perfekte Zweisprachler auch im täglichen Umgang Deutsch sprechen.

Die Linien der Ethnographen

Die Linguisten haben ihre Grenzen, die Ethnographen ziehen jedoch andere. Eine bedeutsame Linie durchläuft die Schweiz in nordsüdlicher Richtung, berührt dabei Napfmassiv und Brünigpaß und trennt das Land in zwei gleichgroße Teile. Begibt man sich vom Emmental ins Entlebuch, begleitet uns dieselbe Landschaft mit ihren waldigen Schluchten, Nagelfluhklippen, Einzelhöfen an den Berghängen und einer von Viehzucht bestimmten Bewirtschaftung. Nur das Berner Bauernhaus mit dem weit ausladenden Dach unterscheidet sich vom Luzerner Bauernhaus durch seine Behäbigkeit. Und doch verläuft hier unsichtbar ein kultureller Schnitt, der sich in zahllosen Details des täglichen Lebens verrät: in der Art zu grüßen, den religiösen Bräuchen – die einen feiern an Neujahr, die andern zur Zeit des Karnevals –, den gastronomischen Spezialitäten, ja sogar anhand der Spielkarten: hier zieht man die französischen vor, dort die deutschen. Gewisse Forscher fragen sich sogar, ob hinter dem nordsüdlichen Schnitt nicht vielmehr zwei unterschiedliche Auffassungen vom Staatswesen zu suchen sind: im Ostteil ein vom Bürger getragenes, aber auch diskreteres und liberaleres politisches Verständnis, im Westteil eine eher sozial- und obrigkeitsstaatliche Konzeption.

Ethnographische Zersplitterung entspricht bisweilen, wie im Fall des Gebiets am Napf oder Brünig, konfessionellen Abgrenzungen, die jeder Durchdringung anhaltenden Widerstand geleistet haben. In der Broye-Ebene etwa gibt es neben den protestantischen, zur Waadt gehörenden, die katholischen Freiburger Enklaven; früher konnte man die jeweilige Kantonszugehörigkeit leicht an der Farbe der Rinder erkennen: hier die braunscheckigen, dort die schwarzscheckigen. Obwohl sich die konfessionellen Unterschiede auf Grund der Binnenwanderung zunehmend verwischen, leben sie doch noch im Bewußtsein der Menschen weiter. Hierfür ist weitgehend die geschichtliche Entwicklung der Schweiz verantwortlich, denn seit Beginn des XVI. Jahrhunderts waren die Bürgerkriege im Lande Religionskriege. Im Laufe der Jahrhunderte haben dann religiöse Unterschiede zu feinen Differenzierungen in Anschauung, Arbeitsethos und politischer Tradition geführt.

Eine dieser Grenzlinien hat sich während der letzten Jahrzehnte zu einem brisanten politischen Thema entwickelt. Sie verläuft im Zickzack zwischen Weideland und Tannenwäldern hindurch und trennt den Jura in Nord und Süd. Die »Nordistes«, wie sie sich nennen, beschlossen 1974, sich vom Kanton Bern zu trennen, dem sie 1815 politisch zugesprochen worden waren. Es sollte ein 23. Kanton entstehen, der Kanton Jura. Die »Sudistes«, obwohl ebenfalls frankophon, verweigerten das Gefolge; sie wollten lieber als kleine Minderheit im großen deutschsprachigen Kanton verbleiben, als von ihren katholischen, politisch zweifellos selbstbewußteren Brüdern abhängen. Gegenwärtig fordert der neue Kanton, von einer Gruppe Autonomisten im Südjura unterstützt, die Wiedervereinigung beider Juragebiete. Eine harte Nuß für die Eidgenossenschaft.

Politologen erklären das Ausbleiben gravierender ethnischer Konflikte innerhalb der Schweiz mit den ineinandergreifenden Grenzen. Da sich sprachliche, konfessionelle und wirtschaftliche Trennungslinien eher überkreuzen als kumulativ auftreten, ergeben sich vielfältige, individuelle Koalitionen. Die Anhäufung von Unterschieden aller Art zwischen Bern und dem Nordjura dürfte dabei eine Ausnahme sein, welche die Regel bestätigt. In einem Land, das sich rühmt, keine Minoritätsprobleme zu kennen, gemahnt uns der jurassische Konflikt um so deutlicher daran, daß jedes Gleichgewicht immer wieder in Frage gestellt werden kann.

Bern - Fribourg - Berner Oberland

Spricht man in der Schweiz von Bauerntum und Landwirtschaft, so denkt man unter anderem an den Kanton Bern. Von den Dorflandschaften des nördlichen Berner Mittellands bis zu den voralpinen Streusiedlungen haben sich Wirtschafts-, Siedlungs- und Bauformen erhalten, die trotz aller Einflüsse der modernen Agrartechnik noch die traditionellen Merkmale einer in sich geschlossenen Region verraten. Im Mittelland dominieren die Dorflandschaften, die heute häufig von Siedlungsteilen und Bauelementen durchsetzt sind, die mit Landwirtschaft nichts zu tun haben. In der hügeligen Zwischenzone, die von Wäldern und Wiesen überzogen ist, liegen die Einzelhöfe. Sobald man in die voralpinen Regionen vorrückt, prägen Streusiedlungen die Kulturlandschaft. Typisch ist hier nicht mehr das geschlossene Dorfbild, sondern der einzelne Bauernhof mit seinen Nebengebäuden. Der Naturraum mit Höhenlage, Geländeform, Exposition und Klima beeinflußt die Wirtschaftsform. Gras-, Vieh- und Milchwirtschaft oder Ackerbau stehen zur Wahl. In jeder Zone haben die Bauern ihre besonderen Techniken entwickelt, um mit den Herausforderungen der Natur fertigzuwerden. Die jeweils gewählte Bodennutzung bestimmt auch das Bild, das sich dem Flugphotographen bietet.

Rechts: Die Gemeinde Ochlenberg im Hügelland südlich von Herzogenbuchsee, eine klein strukturierte Dorflandschaft, der sich da und dort Streusiedlungen anschließen. Hier in der Nähe lebte in vergleichbarer Landschaft im Weiler Oschwand der Maler Cuno Amiet. Aufnahme vom 16. Mai 1990.

Landschaftsgraphik oder mustergültige Landwirtschaft? Der Flugphotograph entdeckte diese ausgeräumten Felder am 16. Mai 1990 im topographisch reich gegliederten Emmental. Grasbau und Ackerbau sind mechanisiert.

Ein Beispiel intensiver Bodennutzung im Großen Moos. Die mechanisierte Landwirtschaft – hier im Gemüsebau – hinterläßt ihre unverkennbaren Spuren. Aufnahme vom 9. August 1990.

Einzelhöfe stehen auf vor Jahrhunderten gerodeten Flächen. Sie sind in der voralpinen Berner Kulturlandschaft bis weit hinauf von Wiesen, Weiden, Äckern und Obstbäumen umgeben. Bauernhöfe sind zu finden »in den Gräben« und »auf den Eggen«. Siedlungen in Bachgräben sind reich an Wasser, die Höfe auf den Höhen stehen in der Sonne. Zu einem Gehöft gehören Hof, Speicher und Stöckli.

Oben: Bauernhof im Emmental, aufgenommen am 29. August 1978.

Unten: Ein Gehöft im Weiler Hüslenbach bei Zäziwil. Aufnahme vom 27. Juli 1990.

Rechts: Hoch gelegene Höfe auf der Farneggalp bei Schüpbach. Die Aufnahme stammt vom 27. Juli 1990.

Oben: Das Dorf Trub mit seinen stattlichen Ständerbauten zeigt heute noch ein vorbildlich gepflegtes Ortsbild. Hier und im Fankhausgraben, dem an den Napf hinaufführenden Einschnitt, präsentiert die traditionelle Emmentaler Bauernhausarchitektur mit ihren Holzbauten besonders schöne Beispiele. Aufnahme vom 27. Juli 1990.

Rechts: Der Gipfel des rundum bewaldeten Napf erreicht eine Höhe von 1408 Metern. Das Berghaus steht auf Berner Territorium, die Grenze zum Kanton Luzern verläuft nicht weit davon über das kleine Gipfelplateau. In beiden Kantonen bemüht man sich, die Naturlandschaft am Napf zu bewahren. Die Aufnahme stammt vom 27. Juli 1990.

Oben: Die Auenlandschaft an der Giesse bei Belp (Belpau), ein Naturreservat an der Aare zwischen Thun und Bern, aufgenommen am 9. August 1990.

Rechts: Die Flugaufnahme vom 31. Mai 1990 zeigt den inmitten einer intensiv genutzten Kulturlandschaft liegenden Wohlensee, ein langgezogenes Gewässer unterhalb von Bern, das aus einem Stau der Aare entstanden ist.

Folgende Doppelseite: Die Hauptstadt: Das klassische Bild des historischen Bern, der in der Aareschleife liegenden Zähringerstadt. Im Flugbild sind die Hauptachsen zu erkennen, die für die Struktur der Altstadt charakteristisch sind: Gerechtigkeits-, Kram- und Marktgasse. Die Fassaden haben sich in den letzten Jahrzehnten kaum verändert. Die innere Bausubstanz hingegen ist nicht in jedem Fall erhalten. Aufnahme vom 9. August 1990.

Auch Freiburg ist eine Gründung der Zähringer. Im Jahre 1157 entstand unter Berchtold IV. von Zähringen auf einer Hochfläche über der Saane der Bourg genannte Kern der Stadt. Von hier aus entwickelten sich im Mittelalter neue Quartiere nach unten und oben und über den Fluß hinaus.

Oben: Unsere Aufnahme vom 9. August 1990 gibt die von steilen Felswänden eingegrenzte Schleife der Saane mit dem tief gelegenen spätmittelalterlichen Quartier der Au wieder. Vom Burgviertel führt der sogenannte Stalden in die Häusergruppe am Fluß hinab. Im Vordergrund stehen die Mauritius-Kirche und das ehemalige Kloster der Augustiner. Links führt die Bernbrücke, eine gedeckte Holzbrücke aus dem 17. Jahrhundert, über die Saane zum Berntor.

Rechts: Die Stadt Freiburg senkrecht gesehen in einer Aufnahme vom 28. Juni 1987.

Oben: In einem abgelegenen Tal des Greyerzerlandes liegt auf dem Gebiet der Gemeinde Cerniat das Kartäuserkloster La Valsainte. Aufnahme vom 9. August 1990.

Unten: Autobahn und Eremitenklause am Schiffenensee: Die Magdalenenklause bei Düdingen ist eine großangelegte, in das Sandsteinufer der Saane gegrabene Einsiedelei, die im 18. und 19. Jahrhundert zu den oft besuchten Sehenswürdigkeiten der Schweiz gehörte. Die Aufnahme stammt vom 9. August 1990.

Rechts: Der westliche Steilhang des zwischen Châtel-St.-Denis und Montbovon gelegenen Vanil des Artses, über den sich die Grenze zwischen den Kantonen Freiburg und Waadt zieht, aufgenommen am 11. September 1978. In den ausgewaschenen Couloirs ist die fortschreitende Erosion zu erkennen.

Das alte Spiez mit Schloß und Schloßkirche liegt auf einem in den Thunersee vorgeschobenen Felssporn, ein als sommerliches Ferien- und Freizeitzentrum prädestinierter Ort. So finden beispielsweise die Segler hier eine günstig gelegene Anlaufstelle. Aufnahme vom 9. August 1990.

Die städtebauliche Struktur des Zentrums von Thun ist vorgezeichnet von der Aare, die hier aus dem Thunersee fließt, und vom Schloßberg, dem ältesten Stadtteil. Der Fluß selber spaltet sich in die innere und äußere Aare, zwischen denen eine Insel mit dem später entstandenen Quartier Bälliz liegt. Die Aufnahme stammt vom 9. August 1990.

Oben: Unterhalb von Interlaken mündet die Aare in zwei kanalartig ausgebauten Flußläufen in den Thunersee. Der Fluß kann bis Interlaken von großen Schiffen befahren werden. Die einstige Naturlandschaft ist durch die modernen Verkehrswege beeinträchtigt. Aufnahme vom 10. August 1990.

Rechts: Das Flugzeug der Swissair Photo befand sich am 13. August 1987 südlich von Krattigen am Thunersee, als die Aufnahme entstand, die Einblick ins Berner Oberland bietet. Därliggrat, die Ebene von Unterseen und Interlaken sowie der von Höhenzügen eingerahmte Brienzersee sind zu erkennen.

Mit Dampf fährt man heute noch auf das Brienzer Rothorn. Als der Flugphotograph am 10. August 1990 diese Aufnahme machte, befanden sich zwei Dampfzüge in der Steilwand unterhalb des Kulm.

Die Kleine Scheidegg, der Paß zwischen Grindelwaldner- und Lauterbrunnental, ist ein Treffpunkt der Bergbahnen. Zu diesem Übergang steigen Zahnradbahnen von Grindelwald und von Lauterbrunnen auf. Die Kleine Scheidegg ist auch Ausgangsstation der Jungfraubahn. Aufnahme vom 10. August 1990.

Von Handegg (1401 m) bis zum Räterichsbodensee (1767 m) – sichtbar rechts unten im Bild – steigt die Grimselstraße steil an. Dieser Stausee wie der weiter links gelegene Gelmersee zeugen von der heute schon intensiven Nutzung der Wasserkraft im oberen Haslital. Gegen ein weiteres gigantisches Projekt regt sich im Tal wie in der ganzen Schweiz der Widerstand. Im Bergpanorama, das am 5. November 1983 aufgenommen wurde, sind unter anderem die Gärstenhörner, die Hinteren Gelmerhörner und der Tieralplistock auszumachen. Im Hintergrund sichtbar die Urner Alpen, über deren Gräte teilweise die Kantonsgrenze zwischen Bern und Uri läuft.

Folgende Seite: Die Aufnahme vom 20. Juli 1989 bietet einen tiefen Einblick ins Richenbachtal, das sich von Meiringen gegen die Große Scheidegg hinaufzieht. Berge mit berühmten Namen sind hier versammelt. Im Vordergrund links erheben sich die Engelhörner, beliebte Kletterberge, in der Bildmitte fällt der Rosenlauigletscher ins Tal ab, weiter hinten steht das Wetterhorn. Am Horizont sichtbar sind Finsteraarhorn, Eiger, Mönch und Jungfrau.

LANDSCHAFT UND ÖKOLOGIE

Hans Weiss

Woher rührt es, daß unser Land von Jahr zu Jahr, ja von Monat zu Monat etwas häßlicher und gleichförmiger wird, wogegen die Bilder von Schweizer Landschaften auf Kalendern und als Hintergrund für die Tourismus- und Konsumgüterwerbung immer schöner und märchenhafter werden?

Quantitatives Wachstum

In unserem Land und anderswo herrscht eine ungestillte Sehnsucht nach Landschaft. Nach einer repräsentativen Umfrage geben weitaus am meisten Schweizerinnen und Schweizer »die schöne Landschaft« an erster Stelle unter den Vorzügen an, welche sie an ihre Heimat bindet. Da kann etwas nicht stimmen, und zwar nicht an der Umfrage, sondern am tatsächlichen Verhalten der durchschnittlichen Familie Schweizer. Ein Beispiel dafür ist die Mobilität. Der Straßenverkehr hat in der Zeit von 1980 bis 1990 um satte 50 Prozent zugenommen. Würde man die im Kleinstaat Schweiz jährlich ungefähr gefahrenen Personenkilometer aneinanderreihen, ergäbe sich die astronomische Distanz von 80 Milliarden Kilometern. Damit ist nicht nur die Entstehung von Ozonüberschüssen in der Biosphäre verbunden, unter deren ätzender Wirkung die Atmungsorgane des Menschen und Pflanzen und Tiere leiden. Es kommt ein Dauerregen von Stickstoffverbindungen hinzu, der auf die Landschaft niedergeht und bald einmal die Größenordnung einer mittleren Grünlanddüngung erreicht. Damit ist die Artenvielfalt bedroht, denn diese ist auf naturnahe Lebensräume und nährstoffarme Böden angewiesen. Wenn also die Schweizer ihren Energieverbrauch und die Mobilität nicht senken, heben sie schleichend den von ihnen am 6. Dezember 1987 demokratisch beschlossenen bedingungslosen Schutz der Moore und Moorlandschaften wieder auf.

Für die Landschaft sind aber auch die indirekten Folgen der Mobilitätszunahme und insbesondere des motorisierten Individualverkehrs gravierend, denn dadurch wurde ein Straßenbau ausgelöst und motiviert, der seit dem Anfang der sechziger Jahre ungebrochen vorangeht. Er wurde buchstäblich zum Wegbereiter einer im Mittelland und den großen Alpentälern weit fortgeschrittenen Zersiedelung. Die Distanzen zwischen dem Wohn- und Arbeitsort haben sich im Lauf der letzten vierzig Jahre vervielfacht, was eine sparsame Nutzung des Bodens, eine rationelle Versorgung mit Gütern und die Entsorgung von Abfällen zusätzlich erschwert. Der technische Umweltschutz macht in der Schweiz Fortschritte, aber er droht zur Sisyphusarbeit zu werden, wenn das Siedlungswachstum nicht gestoppt wird. Diesem haben wir ebenfalls im Verlaufe etwa der letzten dreißig bis vierzig Jahre wesentlich mehr als 1000 km^2 gutes Kulturland geopfert, was mehr als der Fläche des Kantons Thurgau entspricht.

Ökologische Zerfallsprozesse

Mit der Verkehrszunahme hat die Wohnlichkeit der Städte drastisch abgenommen, was die Stadtflucht verstärkte. Die Innenstädte entleeren sich, weil die Einwohner mit Familien aufs Land ziehen, das im weiten Umkreis verstädtert, ohne aber die urbanen Qualitäten zu haben. Der Pendlerverkehr nimmt ständig zu, und der sogenannte Freizeitverkehr sucht sich immer weiter entfernte Ziele. Davon werden wiederum die Zentren und die durchfahrenen Ortschaften betroffen, deren Bevölkerung nach Umfahrungen ruft, welche die Naherholungsgebiete der Siedlungen und Städte durchschneiden, was wieder mehr Verkehr auslöst. Es ist ein wahrer Teufelskreis oder, wie es die Kybernetiker vornehmer ausdrücken, ein positiver Regelkreis.

Und schließlich setzt auch der unter dem Titel der Land- und Forstwirtschaft vorangetriebene Straßenbau der Landschaft zu. Denn in allzu vielen Fällen werden im Gefolge dieser Erschließung nicht die herkömmliche naturverträgliche Bewirtschaftung gefördert, sondern einträglichere Bodennutzungen, beispielsweise der lukrative Verkauf von Ställen zum Umbau in Ferienhäuser.

Solche und andere Veränderungen der Landschaft lassen sich im Luftbild nicht ohne weiteres feststellen, tragen aber dennoch empfindlich zur Verarmung des Lebensraumes bei, was von den Biologen als »ökologischer Zerfallsprozeß« beschrieben wird. Dieser ist nicht etwa eine Ausgeburt grüner Ideologie, er läßt sich mit Zahlen belegen. Feuchtgebiete, Halbtrockenrasen und artenreiche Magerwiesen sowie Flußauenwälder sind auf einen kleinen Bruchteil ihrer einstigen Ausdehnung zusammengeschrumpft. Diese »Verinselung« der Biotope ist auch ein Hauptgrund für das Artensterben, dessen Tempo sich gegenüber demjenigen der natürlichen Evolution mehr als verhundertfacht hat.

Unser Umgang mit der Landschaft

Nun ist der Schwund der vielfältigen Landschaft nicht nur eine Sache der Zahlen. Ebenso gravierend ist der nicht meßbare *Gestaltverlust.* Kein Mensch würde in seiner Wohnung einen Stapel Autoreifen neben seinem Bett aufstellen, das Wohnzimmer mit Ölfässern garnieren, den Stubenboden teeren, Aktenschränke um den Eßtisch gruppieren und eine Schwarzwälderuhr neben eine Lampe des Tessiner Architekten Mario Botta montieren. So aber ungefähr möblieren wir unsere Landschaft, die alltägliche Landschaft ebenso wie die erhabensten Gegenden des Landes. Mit Ausnahme einiger Reservate, die wir dann als isolierte Relikte um so musealer konservieren müssen.

Wie erklärt sich nun aber der eingangs aufgezeigte Widerspruch zwischen einem scheinbar hoch entwickelten Landschaftsbewußtsein und der Art, wie der Staat, die Behörden, die Wirtschaft, die Konsumenten und schließlich unsere gesamte Gesellschaft mit der Landschaft und der Natur umgehen? Einer weit verbreiteten Meinung zufolge fehlt es ganz einfach an einschlägigen Gesetzen und strengen Vorschriften. Wer sich einmal die Mühe nimmt, den weitläufigen Katalog von gesetzlichen Bestimmungen, mit denen Gemeinden, Kantone, der Bund und zuoberst der sogenannte Souverän, nämlich das Volk, den Schutz von Landschaft, Heimat und Natur schon lange »ins Recht genommen hat«, ist überrascht. So hat beispielsweise der Regierungsrat des Kantons Bern schon im Jahr 1911 in einer Verordnung beschlossen: »Die Errichtung neuer sowie die Erweiterung und Erhöhung bestehender Gebäude ist untersagt, sofern dadurch Landschaften, Ortsbilder und Aussichtspunkte verunstaltet werden.« Die Verunstaltung irgendwelcher Landschaften, etwa durch den Bau einer Autobahn am Bielerseeufer oder eines Hochhauses in Interlaken, wäre also seither auf dem Gebiet des Staates Bern gar nicht möglich gewesen ... Ähnliche Vorschriften haben übrigens auch die anderen Kantone schon seit Beginn des Jahrhunderts in ihre Einführungsbestimmungen zum Zivilgesetzbuch (ZGB) aufgenommen. Das Waldareal der Schweiz ist bekanntlich seit 1902 geschützt, und Bauten im Wald, die nicht forstlichen Zwecken dienen, sind gemäß Forstgesetzgebung schlicht verboten.

Kurz und gut, an den Gesetzen kann es nicht liegen, daß der gewünschte und der reale Zustand unserer Landschaft immer weiter auseinanderklaffen. Um das besser zu verstehen, müssen wir zuerst einmal dem Landschaftsbegriff nachgehen.

Was ist Landschaft?

Jedermann scheint es zu wissen. Die Landschaft? Das ist doch etwas ganz Einfaches und Banales! In Tat und Wahrheit ist aber nichts so kompliziert und vielschichtig wie die Landschaft. Sie ist das Produkt einer jahrmilliardenalten

Erdgeschichte, des Klimas, der Ausbreitung der Vegetation, der Erosion, der Kulturgeschichte, angefangen bei den keltischen Siedlungen, den mittelalterlichen Kirchen und Hohlwegen, bis hin zu den Flußkorrektionen des 19. Jahrhunderts, den Eisenbahnen oder den Autobahnen und Hochhäusern unseres Jahrhunderts, welche die Landschaft ausmachen. Sind es der Humus, die Mikroorganismen, das Saatgut oder der bäuerliche Pflug, welche den Acker zum Teil einer Landschaft machen? Antwort: Landschaft ist alles das zusammen und noch viel mehr. Die bloße Addition der Teile ergibt noch lange nicht die Summe. Um eine bloße Ahnung von der ungeheuren Komplexität der Landschaft zu bekommen, sei daran erinnert, daß in einer Handvoll Walderde etwa gleich viele Mikroorganismen leben wie Menschen auf dem Erdball und daß die Stoffwechselvorgänge, die sich nur schon bei der Nahrungsaufnahme eines mikroskopisch kleinen Wurzelrhyzoms abspielen, so vielfältig sind, daß sie auch mit einer noch so hochentwickelten Computerwissenschaft niemals erfaßt und verstanden werden können.

Doch damit nicht genug. Landschaft beinhaltet auch eine subjektive und psychische Dimension. Lukas Burckhardt, ein Soziologe, formulierte es so: »Nicht in der Natur der Dinge, sondern in unserem Kopf ist die Landschaft zu suchen; sie ist ein Konstrukt, das einer Gesellschaft, die nicht mehr von der Arbeit mit dem Boden lebt, zur Wahrnehmung dient.« Tatsächlich ist die Landschaft auch so etwas wie ein Projektionsträger, gleichsam eine Leinwand für unsere Vorstellungen, Werthaltungen und Wünsche. Das Wort »Landschaftsbild« hat einen doppelten Sinn, es meint die Landschaft als äußeres optisches Abbild und gleichzeitig die Landschaft als Produkt unserer inneren Vorstellungen. Schon das Wort ›Boden‹, das nur einen Aspekt der Landschaft bezeichnet, hat viele Inhalte. Für den konservativen Dichter ist Boden vor allem die »heimatliche Scholle«, der sozial engagierte Politiker denkt bei diesem Wort zuerst an steigende Boden- und Mietzinse und die ungelösten Probleme des Bodenrechts. Und der Naturwissenschaftler verbindet mit »Boden«

weder das eine noch das andere, für ihn ist der Boden ein komplexes System aus organischen und anorganischen Teilchen, Lebewesen und Stoffwechselprozessen.

Auch der größte Technokrat hat irgendwo eine subjektive Beziehung, eine ungestillte Sehnsucht nach Heimat, oder, wenn einem dieser Begriff zu altmodisch tönt, nach »räumlicher Identität«. Der Schweizer Kulturgeograph Emil Egli hat neben den Begriff des Biotops jenen des »Psychotops« gestellt. Nicht die subjektive Dimension von Landschaft und Heimat ist das Problem, sondern daß wir so tun, als müßten sich auch landschaftliche Werte objektiv bewerten, das heißt messen oder zählen lassen. Dabei geht gerade das, was Landschaft letzten Endes ausmacht, verloren.

Welche Zukunft für die Landschaft?

Die Zukunft ergibt sich laufend aus der Summe unserer unzähligen Handlungen und Unterlassungen, hier und jetzt. Wenn wir also der *trendmäßigen* Entwicklung weiterhin freien Lauf lassen und »die rechte Zeit zum Handeln jedesmal verpassen« (Goethe, Faust I), dann ist es nicht schwer, sich das entsprechende Landschaftsszenarium auszumalen. Die Zersiedelung wird zwar etwas gebremst durch die Verknappung des verfügbaren Baulandes, die »verdichtete Bauweise« wird häufiger angewendet, aber die »Durchlöcherung« der Landschaft mit Bauten und Einrichtungen jeglicher Art, für die man in jedem Einzelfall ein Bedürfnis oder einen zwingenden Grund findet, wird weitergehen. Das Mittelland wird noch ganz verstädtern. Nicht mehr die Dörfer und Städte werden die Inseln sein, sondern die Grünzonen und die agroindustriellen Farmbetriebe inmitten eines von Autostraßen durchzogenen Siedlungsbreis. Und die Alpen werden zum »Disneyland«, bestehend aus beschneiten Skipisten und flaschengrünen Golfrasen anstelle der einstigen

Zwergstrauchheiden und Bergwiesen. Im übrigen würde unser Land möbliert sein mit Transitverkehrsachsen, Leitungen, Richtstrahlantennen, Bürohäusern, Einkaufszentren und Freizeitparks. In nicht wenigen Gegenden ist ja diese Zukunft bereits eine Realität.

Positive Szenarien sind denkbar und derzeit noch möglich. Die entscheidende Voraussetzung dazu ist aber, daß wir rasch vom quantitativen Wachstum wegkommen, das heißt, die gesamte weitere Entwicklung darf nicht mehr mit einem zunehmenden Verbrauch an nicht erneuerbaren Ressourcen und nicht vermehrbaren Gütern gekoppelt sein. Das bedeutet zunächst ganz einfach die konsequente Einhaltung der Vorschriften, die im Raumplanungsgesetz, im Umweltschutzgesetz, im Natur- und Heimatschutzgesetz und anderen Erlassen schon lange festgelegt sind, nicht mehr, aber auch nicht weniger.

Nun ist es nicht so, daß zum Schutz und zur Wiederherstellung der Landschaften und Ortsbilder nichts geschähe. Es lassen sich wegweisende Beispiele finden. Aber sie sind noch vereinzelt, und die landschaftsverzehrenden Kräfte überwiegen noch bei weitem. Was heute im doppelten Sinne des Wortes not-wendig ist, sind nicht in erster Linie mehr Gesetze, Verordnungen und Absichtserklärungen. Viel wichtiger ist es, daß wir unserem Leben andere Ziele geben und dann danach handeln. Die Rettung der Landschaft ist möglich, wenn wir in ihr nicht mehr bloß ein Objekt oder einen nutzbaren Raum erkennen, sondern eine durch nichts zu ersetzende Grundlage für eine lebenswerte Zukunft.

Rheinfall - Aaremündung - Zürich - Seetal - Freiamt - Luzern - Innerschweiz - Linthebene - Rapperswil

Flüsse und Bergketten gelten als sogenannte »natürliche Grenzen«, ein Begriff, der vor allem im Zeitalter der europäischen Nationalstaaten häufig zur Rechtfertigung von Ansprüchen und Übergriffen diente. Was man aber in den letzten 200 Jahren künstlich als Grenze setzte, war oft weniger durchlässig als die natürlichen Hindernisse. Die Grenzziehungen der Natur wurden von der menschlichen Perfektion übertroffen.

Zu den »natürlichen Grenzen« zählt der Rhein, obschon schweizerische Territorien in den Kantonen Schaffhausen, Zürich und Basel auch nördlich des Stromes liegen. Dieser Umstand gab im 19. Jahrhundert gelegentlich zu Sorgen Anlaß, wenn deutsche Ansprüche auf Schaffhausen oder Klein-Basel unter dem Schlagwort von der natürlichen Grenze zu vernehmen waren. Dabei hatte der Strom seit dem Mittelalter die Landschaft am Hochrhein weniger getrennt als verbunden. Gewerbe, Schifffahrt und Flößerei schufen trotz Herrschaftsansprüchen hüben und drüben wirtschaftliche und soziale Gemeinsamkeiten, die stärker waren als politische Trennlinien. Ein Phänomen, das notabene auch auf die Juragrenze am Doubs zutrifft, über die hinweg man sich während Jahrhunderten durch einträglichen Schmuggel verbunden fühlte. Politische Grenzen verhindern den Austausch wie gesagt wirksamer als natürliche Schranken. Am Rhein dauerte es nach dem Zweiten Weltkrieg lange, bis man wieder zum früher geübten Umgang fand.

Rechts: Neuhausen mit seinen bedeutenden Industrien am Rheinfall, aufgenommen am 9. Juni 1989. Die wirtschaftliche Entwicklung der Region wäre kaum denkbar gewesen, wenn hier die Landesgrenze im Rhein verlaufen wäre.

Folgende Doppelseite: Die Ortschaft Rheinau mit dem auf einer Insel angelegten ehemaligen Kloster. Aufnahme vom 16. Mai 1990. Der Rhein, der hier die Landesgrenze bildet, windet sich in weit ausholenden Schleifen durch eine Agrarlandschaft, die auf beiden Seiten ähnliche Merkmale aufweist. Das deutsche Ufer vor allem ist von Wäldern besetzt. Oberhalb des Klosters sind Stauwehr und Kraftwerk zu erkennen. In den fünfziger Jahren waren dem Bau heftige Debatten und eine Volksabstimmung vorangegangen. Schließlich baute man eine Anlage, die sich verhältnismäßig unauffällig in die Landschaft fügt. Rheinau war das Signal für den beginnenden Kampf gegen weitere Wasserkraftwerke.

Links: Das Rheinknie bei Rüdlingen mit dem Buchberg im Zentrum des Bildes. Der Rheinlauf läßt sich auf dieser Aufnahme bis zur Tössegg und an den Stadtrand von Eglisau verfolgen. Aufnahme vom 18. Juli 1990.

Oben: Das im 13. Jahrhundert gegründete, noch weitgehend in der alten Struktur mit dem dreieckigen Grundriß erhaltene Brückenstädtchen Kaiserstuhl am Rhein. Über die Brücke führt die Straße nach dem deutschen Hohentengen. Aufnahme vom 17. Juli 1990.

Unten: Im alten Messeort Zurzach befindet sich das jüngste, im Jahre 1955 in Betrieb genommene Thermalbad der Schweiz. Die Anlagen wurden in den letzten Jahren großzügig ausgebaut. Aufnahme vom 17. Juli 1990.

Links: Auf dem Höhenzug zwischen Klingnau und Zurzach liegt der abgeschiedene Wallfahrtsort Achenberg mit Kapelle, Bauernhaus und Gasthof. Der Achenberg gehörte im Mittelalter dem Kloster St. Blasien im Schwarzwald, das südlich des Rheins bedeutende Güter besaß. Der Strom war also auch im kirchlichen Bereich keine Grenze. Aufnahme vom 17. Juli 1990.

Rechts: Die Senkrechtaufnahme von der Mündung der Aare in den Rhein bei Koblenz entstand am 4. Mai 1990. Einst ein wichtiger Treffpunkt für die Schiffahrt, laufen heute an dieser Stelle Eisenbahn- und Straßenverbindungen aus den beiden Flußtälern zusammen. Eine Straßenbrücke führt bei Koblenz über den Rhein, und über die alte Eisenbahnbrücke rattert ein Schienenbus der Deutschen Bundesbahn, der Waldshut mit dem Schweizer Ufer verbindet. Das aargauische Rheintal ist in bezug auf den Verkehr nicht verwöhnt. Am deutschen Ufer fuhr schon 1856 die Rheintalbahn, die Schweizer Seite wartete bis in die neunziger Jahre auf eine Bahnverbindung. Heute spricht man davon, den Bahnverkehr zwischen Koblenz und Laufenburg einzustellen, die Deutsche Bundesbahn hingegen baut ihre Strecke aus.

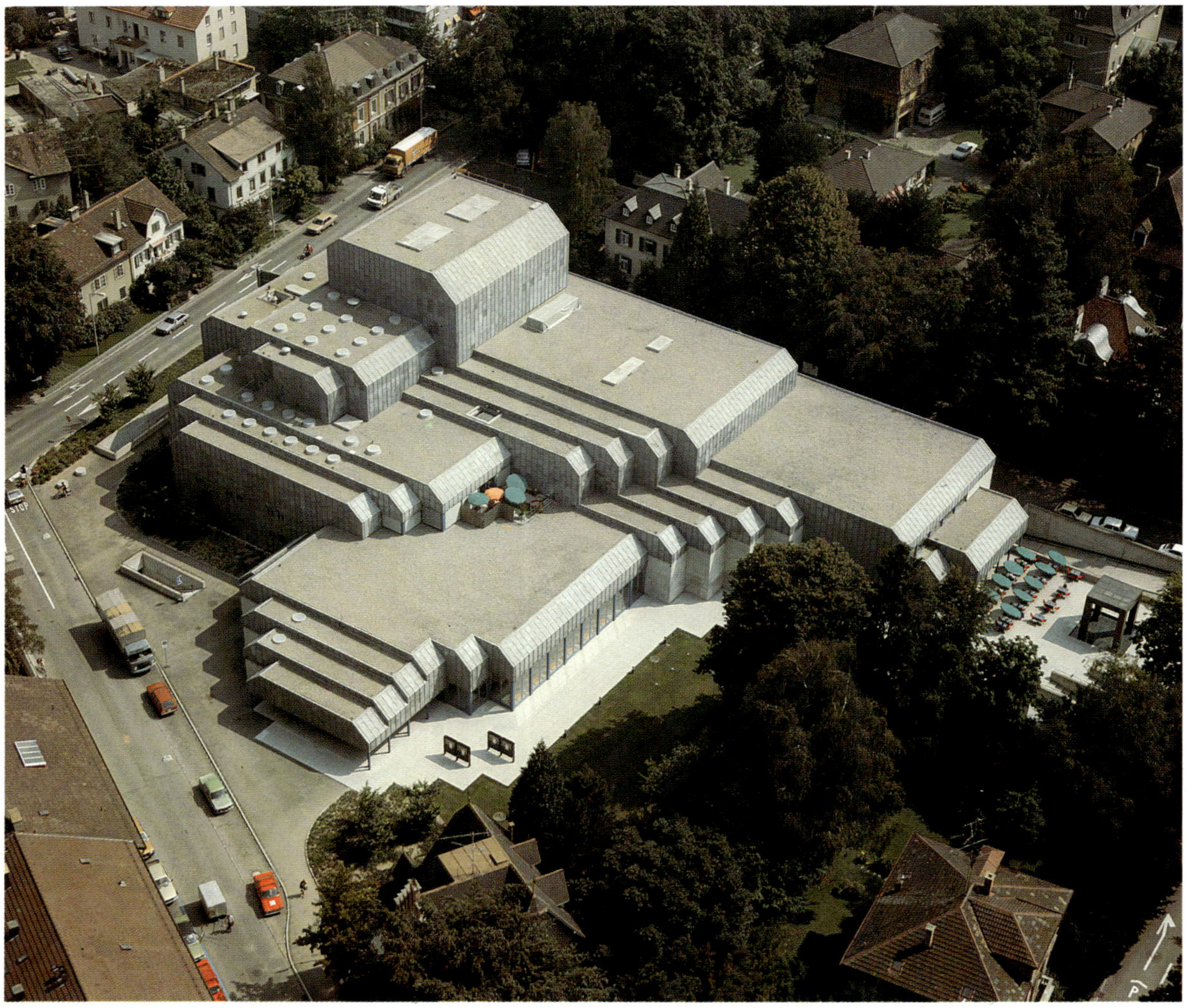

Zwischen Winterthur und Zürich überziehen Stadtlandschaften weite Landstriche. Um die Stadtkerne herum entstehen ausufernde Siedlungen, in weiter nach außen gelagerten Ringen Zentren für Dienstleistungen, Sportanlagen, Industrien und Verkehrswege. In einigen Fällen ist im Wachstum System zu erkennen, auf vielen Aufnahmen gewinnt man hingegen den Eindruck, daß mit dem Boden gedankenlos gewuchert wurde.

Oben: Das 1979 in Betrieb genommene Winterthurer Stadttheater, ein modernes Bauwerk in einem hauptsächlich im letzten Jahrhundert erbauten Viertel. Aufnahme vom 12. August 1982.

Rechts: Stadtleben an der Peripherie: Das Eidgenössische Turnfest in Winterthur, aufgenommen am 16. Juli 1984.

Oben: Das Städtchen Regensberg in einer Winterlandschaft. Aufnahme vom 22. November 1988.

Rechts: Ländlich abgeschieden residiert die Kyburg über dem kleinen Dorf zwischen Feldern und dem Mischwald des Tösstals. Die Aufnahme entstand am 5. Mai 1990.

Bassersdorf, aus niedriger Höhe aufgenommen am 8. August 1987. Die Nähe der großen Stadt ist unverkennbar: Neubauten und dem Verkehr geöffnete Durchgangsstraßen weisen darauf hin. Doch zeigt die Aufnahme einen Dorfkern, in dem offenbar Eigenleben pulsiert. Im Vordergrund ist ein Festplatz mit Karussell und den Wagen der Schausteller zu sehen. Für kleine Feste eignet sich die dörfliche Kulisse besser als die Stadt mit ihren Häuserfronten.

Oben: Die Maschine der Swissair Photo über dem eigenen Schatten: Die zweimotorige Beechcraft Queen-Air 80 photographierte am 13. Juni 1989 mit einer Senkrechtaufnahme eine Piste des Flughafens Kloten mit deutlich sichtbaren Bremsspuren.

Rechts: Der internationale Flughafen Kloten am 3. Mai 1989. Gut sichtbar sind unter anderem der Tarmac mit den zwei Flügeldocks, den Werften und den Gebäuden für die Fracht. Eingefaßt ist die Anlage von den in die Ebene hinauslaufenden Pisten. Die Dimensionen der Anlage lassen erkennen, daß der Zürcher Flughafen Verbindungen mit allen Kontinenten sicherstellt.

Die Stadt Zürich und ihre nähere Umgebung aus der Luft beobachtet:

Oben: Die zum Hauptbahnhof führenden Geleisebündel zwischen Außersihl, Industriequartier und Limmatplatz geben eine Vorstellung von der Dichte des hier rollenden Verkehrs. Aufnahme vom 5. August 1988.

Rechts oben: Sechseläuten am 18. April 1988: Die Szene wurde am späten Vormittag aufgenommen, am Bellevue-Platz bewegt sich der Verkehr noch normal. Der weiße »Bögg« steht auf dem Scheiterhaufen.

Rechts unten: Die Ausstellung »Phänomena« am Zürichhorn, ein originelles technisch-naturwissenschaftliches Freilicht-Spektakel, aufgenommen am 22. Mai 1984.

Links: Ein Blick auf Küsnacht am rechten Ufer des Zürichsees. Die Strukturen des ehemaligen Dorfes am See lassen sich nur noch mühsam rekonstruieren. Die Bergflanke ist heillos zersiedelt, ein einförmiges Bild, das wohltuend vom Küsnachter Tobel unterbrochen wird. Aufnahme vom 26. September 1988.

Rechts: Horgen am linken Seeufer, aufgenommen am 6. Juli 1988. Deutlich zu erkennen sind die dem See entlangführenden Verkehrswege. Die Bahnlinie folgt dem Ufer, durch die Häuser hindurch winden sich die Straßen seeaufwärts und auf den Hirzel. Am Bildrand rechts die Autobahn N 3, darunter die Geleise der Gotthardbahn, die hier im Tunnel nach Sihlbrugg verschwinden.

Oben: In Stadtnähe wurden zahlreiche sportliche Einrichtungen geschaffen wie beispielsweise das Pferdesportzentrum Dielsdorf mit der Rennbahn. Aufnahme vom 1. Oktober 1989.

Rechts: Industrielandschaft vor den Toren der Stadt: Die Aufnahme vom 13. Juni 1989 zeigt das ehemalige Gaswerk Schlieren, heute ein Zentrum der Gasversorgung.

Oben: Die Altstadt von Baden im Engpaß zwischen dem Schloß Stein und der Limmat. In der Aufnahme vom 17. Juli 1990 ist am Bildrand links unten die Baustelle an der Hochbrücke zu erkennen, die renoviert und verbreitert werden soll.

Rechts: Das Limmattal zwischen Zürich und Baden ist in den letzten Jahrzehnten wie kaum eine andere Region der Schweiz verändert und mit Beton und Eisen überzogen worden. Unsere Aufnahme vom 18. Juli 1990: Ortsteile von Spreitenbach, Killwangen und Würenlos. Autobahn, Kantonsstraße, Eisenbahn und Rangierbahnhof zerschneiden die Landschaft. Alte Siedlungsstrukturen sind überdeckt oder weggewischt, die Landwirtschaft an die Ränder verdrängt. Die Ebene ist belegt mit den weit ausladenden Bauten der Einkaufszentren, Industrien und Lagerhäuser. Alles in Allem: Zürich ist hier massiv in den Kanton Aargau eingedrungen.

Nächste Doppelseite: Das Aargauer »Wasserschloß« mit dem Zusammenfluß von Aare, Reuss und Limmat, aufgenommen am 4. Mai 1990. Auf unserem Bild sichtbar sind die Ortschaften Turgi, Windisch, Brugg, Lauffohr und Untersiggenthal.

Oben: Schloß Lenzburg, eine mächtige, in den letzten Jahren renovierte Anlage auf einem Hügel über der Stadt, ursprünglich Stammhaus der Grafen von Lenzburg. Aufnahme vom 17. Juli 1990.

Unten: Auf zwei Inseln im Aa-Bach, der einen Kilometer weiter oben den Hallwiler See verläßt, steht das Schloß Hallwil, eine mittelalterliche Wasserburg mit zwei Baukörpern. Die beiden Teile des Schlosses sind durch eine Zugbrücke miteinander verbunden. Die Aufnahme entstand am 30. Juni 1990.

Rechts: Das aargauische Dorf Seengen am Hallwiler See am 31. Mai 1990. Über den alten Dorfkern hinaus sind neue Siedlungen entstanden, die nichts mit Landwirtschaft zu tun haben. Das auf einer Anhöhe über dem See gelegene barocke Schloß Brestenberg wird umgebaut und präsentiert sich deshalb in dieser Aufnahme in einer Baugrube.

Oben: Die ehemalige Benediktinerabtei Muri im aargauischen Freiamt. Die einst romanische Basilika wurde im 17. Jahrhundert mit einem barocken Kuppelbau versehen und im Innern völlig umgestaltet. Eine Kapelle im Kreuzgang des Klosters dient seit 1971 als Familiengruft des Hauses Habsburg. Aufnahme vom 30. Juni 1990.

Rechts: Die Stadt Bremgarten im Reussbogen, gesehen aus großer Höhe am 18. August 1990. Die verhältnismäßig gut erhaltene Altstadt beherrscht die engste Stelle der Flußschlaufe. Bemerkenswert ist die trotz einigen Staustufen kräftige Strömung der Reuss, die von den Wasserfahrern geschätzt wird.

Oben: Der alte Marktflecken Beromünster ist, wie unsere Aufnahme vom 17. Juli 1990 zeigt, nach einem einfachen Muster angelegt. Vom dominierenden Hügel mit dem Chorherrenstift St. Michael – rechts in unserer Aufnahme – führt die Hauptgasse zur Pfarrkirche St. Stefan am unteren Ortsende. Bemerkenswert sind die um die Basilika herum angelegten Häusergruppen, bei denen es sich hauptsächlich um Stiftshäuser handelt.

Rechts: Im Vordergrund Schloß Heidegg, in der Gemeinde Gelfingen am Baldegger See gelegen. Aufnahme vom 17. Juli 1990. Die Agrarlandschaft mit Feldern und Obstbäumen ist noch weitgehend intakt. Am sonnigen Hang beim barocken Landsitz ist eine für den Kanton Luzern bemerkenswerte Kuriosität zu verzeichnen: Vor Jahrzehnten wurde ein Rebberg angelegt, aus dem inzwischen ein guter Wein gewonnen wird.

Links: Kleinwangen bei Hochdorf, Beispiel einer dörflichen Luzerner Siedlung an den flachen Hängen des Lindenbergs. Im Dorf haben sich neben der Landwirtschaft zahlreiche gewerbliche Betriebe niedergelassen. Aufnahme vom 18. August 1990.

Oben: Der Mauensee mit dem gleichnamigen Schloß auf der Insel, aufgenommen am 30. Juni 1990.

Unten: Eine typische Streusiedlung im Entlebuch: Der Hof Obermattegg nördlich von Schüpfheim in einer Aufnahme vom 30. Juni 1990.

Oben: Das »Eichhölzli« beim luzernischen Altbüron, einer an der Grenze zum Kanton Bern gelegenen Gemeinde. Neben Acker und Grasland haben sich hier Waldparzellen und Hecken erhalten. Aufnahme vom 25. Mai 1973.

Rechts: Bei Schongau auf der Luzerner Seite des Lindenbergs fielen dem Flugphotographen die hier abgebildeten Streifenfluren auf, die sich trotz einer weitgehend mechanisierten Bewirtschaftung erhalten haben. In dieser Agrarlandschaft haben Obstbäume und Hecken noch Platz. Die Aufnahme stammt vom 18. August 1971.

Fractus mons – zerbrochener Berg – hieß der Pilatus im Mittelalter. Geologen sprechen von der Pilatusdecke, deren zerklüftete Hauptfalten die verschiedenen Gipfel bilden. Der Berg wird durch Zahnradbahn und Schwebebahn erschlossen. Der Pilatus ist einer der wichtigsten touristischen Anziehungspunkte am Vierwaldstättersee.

Oben: Der winterliche Pilatus mit Esel und Tomlishorn am 11. März 1984. Nahe der Bergstation die rote Kabine der Schwebebahn Fräkmüntegg–Pilatus Kulm.

Rechts: Das zerklüftete Bergmassiv des Pilatus von Südwesten gesehen. Im Vordergrund das Tomlishorn (2128 m), weiter hinten Pilatus Kulm mit dem kreisrunden Hotel und dem Felsturm des Esel, rechts oben der Alpnacher See bei Alpnachstad. Aufnahme vom 18. August 1990.

Links: Rigi Kulm in einer Senkrechtaufnahme vom 19. Juli 1990. Berghotel und Bahnanlagen fügen sich zwanglos in die kahle Landschaft des Berggipfels ein. Die hochragenden Hotelpaläste sind längst verschwunden. Ihre Spuren sind in der Luftaufnahme noch sichtbar. Man könnte hier zu archäologischen Studien über ein vergangenes touristisches Zeitalter angeregt werden. Oben in unserer Aufnahme sind die Felsbänder an der steil gegen die Seebodenalp abfallenden Bergflanke zu erkennen. Im Taltrichter, der unterhalb von Rigi Klösterli mündet, liegen neben baumbestandenen Alpweiden kleine Waldstücke, die gelegentlich einen Bachgraben einfassen.

Rechts: Die Stadt Luzern, aus großer Höhe aufgenommen am 9. Juni 1989. Mitten im Bild eine Baustelle: Im Zeitpunkt der Aufnahme waren die Arbeiten am neuen Bahnhof noch nicht abgeschlossen. Der Jahreszeit entsprechend herrscht auf dem See reger Schiffsverkehr.

Der Engstlensee und der Weiler Engstlen liegen auf Berner Territorium an der Grenze zum Kanton Obwalden. Vom See führt ein Weg rechts zum Jochpaß. Von hier gelangt man zum Trüebsee und zum Talboden von Engelberg, der oben im Bild zu sehen ist. Ein Bergkamm, zu dem Schafberg, Graustock und Wild-Geissberg gehören, trennt die Hochebene von Engstlen von der Senke des Trüebsees. Aufnahme vom 20. Juli 1989.

Oben: Das Zentrum von Sarnen, dem Hauptort des Halbkantons Obwalden, aufgenommen am 3. Mai 1989. Der historische Ortsteil liegt am Aa-Bach: Das als Regierungssitz dienende Rathaus steht rechts neben der Brücke, auf der linken Seite des Flüßchens erhebt sich der Burghügel Landenberg, Tagungsort der Obwaldner Landsgemeinde.

Rechts: Alpweiden und Streusiedlungen an den Bergflanken im Tal der Engelberger Aa. Rechts im Bild der Wallfahrtsort Niederrickenbach (1162). Aufnahme vom 18. August 1990.

Folgende Doppelseite: Der Photograph der Swissair Photo machte diese Aufnahme vom Reussdelta am 6. Juli 1988 hoch über dem Urnersee. Im Zentrum die zwischen Erstfeld und der Flußmündung sich erstreckende, heute zersiedelte Reussebene, durch die alle Verkehrswege zum Gotthard führen. Die Reuss fließt schnurgerade in den See, eingedämmt, aber nicht ein für allemal gezähmt, wie die Überschwemmungen von 1987 bewiesen haben. Auf beiden Talseiten dringen Streusiedlungen weit in die Urner Bergwelt hinauf.

Oben: Das Rütli am Urnersee, ein Ort patriotischer Einkehr. Die Überlieferung spricht davon, daß hier 1291 der Bund der Talschaften Uri, Schwyz und Unterwalden geknüpft wurde, der schließlich zur Befreiung der Urschweiz von der habsburgischen Herrschaft führte. Aufnahme vom 21. Juni 1990.

Unten: Die Treib, ein alter Hafen am Eingang zum Urnersee, aufgenommen am 21. Juni 1990. Das Haus an der Treib geht in seiner noch erhaltenen Bausubstanz auf das Jahr 1659 zurück.

Rechts: In seiner Aufnahme vom 25. September 1987 erfaßte der Photograph über die beiden Mythen hinweg den Talkessel von Schwyz und den zwischen Rigi, Fronalpstock und Urner Alpen eingebetteten Vierwaldstättersee.

Folgende Doppelseite: Das Aegeriried bei Rothenturm mit dem prächtigen Mäander des Biber-Baches. Das Aegeriried ist das größte Hochmoor der Schweiz. In einer Eidgenössischen Volksabstimmung wurde sein Schutz sichergestellt. Aufnahme vom 6. Juli 1988.

Links oben: Kloster und Dorf Einsiedeln, aufgenommen am 21. Juni 1990.

Links unten: Morgarten mit dem im Kanton Zug gelegenen Aegerisee. Zwischen dem See und dem Engnis von Schornen liegt die früher sumpfige Ebene, die am 15. November 1315 einem österreichischen Heer unter Herzog Leopold zum Verhängnis wurde. Unten im Bild ist der erst nach der Schlacht errichtete Letziturm zu erkennen. Aufnahme vom 21. Juni 1990.

Rechts: Der untere Teil des Sihlsees mit der langen Brücke zwischen Einsiedeln und Willerzell. Als der Stausee in den dreißiger Jahren errichtet wurde, verschwanden Kulturland und Siedlungen in den Fluten. Der Vorgang wurde damals in der Presse leidenschaftlich diskutiert. Auch in der Literatur fanden die menschlichen Tragödien, die sich hier am Rande des technischen Fortschritts abspielten, ihren Niederschlag. Die Aufnahme stammt vom 21. Juni 1990.

Oben: Die Ortschaft Quinten am Nordufer des Walensees, aufgenommen am 21. November 1980. Quinten liegt auf einer Terrasse am Fuße von steilen Felswänden und ist nur auf schmalen Pfaden oder mit dem Schiff zu erreichen.

Unten: Eine Kiesgrube bei Mollis. Aufnahme vom 21. November 1980.

Rechts: Blick auf die obere Linthebene und ins Glarnerland. Die Maschine der Swissair Photo befand sich im Zeitpunkt der Aufnahme in großer Höhe zwischen Weesen und Amden. Deutlich sichtbar ist die fortgeschrittene Zersiedlung der Ebene, in der Industrieanlagen und Verkehrswege viel Platz beanspruchen. Von der Gewässerkorrektion zu Beginn des 19. Jahrhunderts zeugen der von Mollis in den Walensee führende Linth-Escher-Kanal und der Kanal, der die Linth aus dem Walensee zum Zürichsee leitet. Aufnahme vom 30. Mai 1988.

Oben: Schloß Grinau zwischen Linthkanal und alter Linth, aufgenommen am 24. Oktober 1989. Der historisch bedeutsame Übergang war gewissermaßen ein nördlicher Vorposten der Innerschweiz, der bei kriegerischen Auseinandersetzungen immer wieder ins Blickfeld geriet.

Rechts: Dem Obersee zugewandt ist die voralpine Hügelzone bei Goldingen. In der von Gräben durchfurchten Landschaft finden sich Wälder neben mehr oder weniger großen Feldern, die von Gras-, Vieh- und Milchwirtschaft zeugen. Aufnahme vom 21. Oktober 1988.

Folgende Seite: Blick von Süden auf den Rapperswiler Seedamm, den wichtigsten Übergang zwischen Innerschweiz und Ostschweiz. Im seichten Wasser des Zürichsees sind die Inseln Ufenau und Lützelau zu erkennen. An das nördliche Seeufer schließt das Zürcher Oberland an. Die Aufnahme stammt vom 6. Juli 1988.

WAS FÜR EINE SCHWEIZ WÜNSCHE ICH MIR?

Flavio Zanetti

1991: Es will mir nicht gelingen, für das 700-Jahr-Jubiläum der Eidgenossenschaft große Gefühle aufzubringen. Mir paßt es zwar durchaus, zu diesem Land zu gehören und den roten Paß mit dem weißen Kreuz zu besitzen, auch wenn ich seinetwegen auf den Flugplätzen Europas zusammen mit den Bürgern außereuropäischer Länder Schlange stehen muß. Der Bund von 1291 mag historisch für die Entstehung und Entwicklung meines Landes grundlegend sein (der Meilenstein für meinen Kanton, das Tessin, ist allerdings das Jahr 1798, als sich die Tessiner weitsichtig für die Zugehörigkeit zur helvetischen statt zur cisalpinischen Republik entschieden), mir scheint es leichter, spontaner und auch logischer, an das Jahr 1848 zu denken.

Die Identität

Im 19. Jahrhundert ist die moderne Schweiz entstanden, so wie auch andere europäische Staaten sich gebildet und die Unabhängigkeit erlangt haben. Damals, Mitte des vergangenen Jahrhunderts, ist aus der Begegnung und den Spannungen zwischen Liberalismus und Konservativismus die Eidgenossenschaft geboren, wie wir sie mit ihren demokratischen Institutionen, politischen Strukturen und ihrem Föderalismus heute erleben. Aus heftigen politischen Kämpfen, leidenschaftlichem Aufeinanderprallen von Ideen, aus der Lebendigkeit ideologischer Gegenüberstellungen ist dank der beneidenswerten Formel von der »Einheit in der Vielheit« diese schweizerische Eidgenossenschaft entstanden, dieses Modell von Nationalstaat, der in idealer Weise das Zusammenleben von Menschen verschiedener Sprache, Kultur und Religion garantiert.

Um die Begriffe wie bewaffnete Neutralität und Unabhängigkeit, Zentralismus und Föderalismus, nationale Einheit und kantonale Souveränität, direkte Demokratie und Bürgerrecht hat sich im 19. Jahrhundert die schweizerische Identität kristallisiert, in der sich Land und Leute immer stärker erkannten. Eine Identität, die wiederum das politische, bürgerliche, gesellschaftliche, kulturelle und wirtschaftliche Leben zum Blühen brachte. Diese Identität hat sich dann während der ganzen ersten Hälfte unseres Jahrhunderts konsolidiert: die nationalsozialistische und andererseits die marxistische Ideologie, die Bedrohung von außen, die zwei Weltkriege haben die Einheit des Landes gefestigt, die inneren Bindungen gestärkt, die Prinzipien der Freiheit, der direkten Demokratie und der Neutralität noch mehr verankert, das Vertrauen in den Staat und seine Institutionen vergrößert, bis dieses System zum Mythos wurde, in unseren und der Welt Augen ein Modell an Perfektion, Beispielhaftigkeit und Moral.

Nach 1945 hat die Schweiz – indirekt mitgerissen vom Wiederaufbau, der in den Nachbarländern im Gang war – ihre Kräfte auf die wirtschaftliche Entwicklung verwendet, und das mit einer rasenden Gier, bei der anderes vergessen ging oder zumindest vernachlässigt wurde: Verpflichtungen und Verantwortlichkeiten, die zum eigentlichen staatlichen Wachstum des Landes gehören und zu einer Aktualisierung der Institutionen und ihrer kritischen Analyse führen sollten. Die wirtschaftliche Entwicklung (heute leider einhergehend mit einem besorgniserregenden Phänomen latenter Armut in gewissen Bevölkerungsschichten) hat nicht nur Wohlergehen gebracht. Nicht anders als andere Länder steht die Schweiz heute vor riesigen Problemen auf dem Gebiet der Ökologie, der Gesellschaft, des Verkehrs, des Zusammenlebens von Menschen verschiedener Rassen und der internationalen Solidarität. Doch vor allem und mehr als andere Länder steht die Schweiz vor einem Zerfall ihrer eigenen Identität, einer Verknöcherung ihrer eigenen Institutionen, die für Orientierungslosigkeit und Verwirrung sorgt.

Die Gründe dafür? Ein Zusammenspiel von Umständen, die der naiven und manchmal überheblichen Ruhe Helvetiens ein Ende bereitet haben. Vor allem die Desillusion, was ein institutionelles, politisches und moralisches Modell betrifft, das gänzlich unfehlbar schien und an das eine Mehrheit der Schweizer kritiklos glaubte. Die bekannten Ereignisse der letzten Jahre in der politischen Szene der Schweiz haben die Illusionen zerstört und das Land mit der rauhen Wirklichkeit konfrontiert: wir sind nicht schlechter als die anderen, aber vor allem sind wir auch nicht besser. Dann die großen Veränderungen im internationalen Bereich, der mit Getöse einstürzende Kommunismus wie auch der Prozeß europäischer Integration. Angesichts solcher neuer Konstellationen scheint die Schweiz unfähig, sich der Situation mit Festigkeit zu stellen. Die Deutschschweiz, immer mehr auf sich zurückgezogen, ungläubig angesichts des Mißgeschicks, das dem Land zugestoßen ist, dazu verurteilt, sich das Haupt mit Asche zu bestreuen, verkrochen in ihr Schneckenloch, das nicht nur auf die Welt, sondern auch auf die anderen Landesteile kein Fenster hat; die Welschschweiz, eingetaucht in ihren spezifischen Chauvinismus und ihre Vorurteile gegen die Deutschschweiz, die Augen auf die benachbarte große Nation gerichtet, deren »Grandeur« sie eher in Äußerlichkeiten als in den Vorzügen nachahmt; die italienische Schweiz, ausgerichtet auf die Lombardei und mehr denn je dazu verdammt, der europäische Korridor zwischen Nord und Süd zu werden; die rätoromanische Schweiz, immer mehr absorbiert von der deutschsprachigen Mehrheit, damit beschäftigt, um Subventionen für ihr Überleben zu betteln, und Opfer ihrer inneren Widersprüche, die auch nichts dazu beitragen, sie um das Projekt einer gemeinsamen Tageszeitung auf romantsch-grischun zu vereinen.

Wünsche an die Mehrheit

Und wo ist die Schweiz »tout court«? Sie scheint auseinandergebrochen, unverantwortlich uneinig, eher geleitet von einer Art technokratischer Staatlichkeit als von einer starken und eigenständigen Regierung. Gut, das Bild ist etwas oberflächlich. Und wenn diese Schweiz den meisten zusagt, so gibt es keinen Anlaß, den Kurs zu ändern. Mir aber gefällt die Wendung nicht, die mein Land genommen hat. Was für eine Schweiz wünsche ich mir? Eine dynamischere und zielgerichtetere Schweiz, die alle ihre Schuldgefühle abwirft und uns einen neuen Weg weist, damit wir vereint in unserer Verschiedenheit und gestützt auf diese Einheit einen intensiveren, lebhafteren innereidgenössischen Dialog führen und so die Reformen in Angriff nehmen können, die sich in unserem Land aufdrängen, wobei wir auch imstande sein wollen, die Herausforderungen anzunehmen, die Europa und die Welt an uns richten. Da nun sollte die Deutschschweiz als Vertreterin der Mehrheit aus ihrer Benommenheit erwachen, ihre wachsende, tiefsitzende Angst vor Deutschland überwinden, ihren Anspruch, einzige Hüterin der schweizerischen Werte zu sein, aufgeben und uns zusammenrufen, um einem Gedankenaustausch zwischen den verschiedenen Landesteilen den Weg zu bahnen, damit eine neue, zeitgemäße Schweiz entstehe. Es geht nicht darum, die Vergangenheit zu verleugnen, sondern die Zukunft mit mutigen Schritten einzuleiten, so zum Beispiel unsere politischen Institutionen einer Revision zu unterziehen, die direkte Demokratie zur Diskussion zu stellen, da sie zu oft die Entscheidungsprozesse behindert, dem öffentlichen Leben wieder Geist einzuhauchen, ist es doch von der Politik der Kompromisse, der Häufung von Parteien in der Regierung und dem Fehlen einer Opposition lahmgelegt. Neuen Schwung braucht es, neue Konfrontationen, wie jene, die das 19. Jahrhundert auszeichneten und unserem Staat zum Leben verhalfen.

Vor rund fünfzehn Jahren schlug Bundesrat Kurt Furgler eine Totalrevision der Bundesverfassung vor, die 1991 zum 700-Jahr-Jubiläum der Eidgenossenschaft vollendet werden sollte. Der Vorschlag schien zu kühn und machte zu sehr Angst, so daß es nicht schwerfiel, ihn zu vergraben. Die Diskussion um die grundlegende Charta der Schweiz hätte die Ruhe des Landes gestört. Im Jubiläumsjahr könnte die Ruhe gerade durch Untätigkeit erschüttert werden.

Schaffhausen - Hochrhein - Thurgau - St. Gallen - Appenzell - Graubünden

Spricht man von den östlichen Landschaften der Schweiz mit ihren topographischen Eigenarten, so ist immer auch vom Rhein die Rede. Vom Alpenrhein mit seinen Quellflüssen in Graubünden, vom Bodensee und vom Hochrhein mit Rheinfall und Aaremündung handeln zum Beispiel alte Reiseführer und Reisebeschreibungen. Landschaften ganz unterschiedlicher Natur stehen in Beziehung zum Hochrhein, und sei es auch nur durch die Zuflüsse, die irgendwo den Strom erreichen. Die vom Rhein durchflossenen Täler liegen an historischen Verkehrswegen. Eine Straße über die Bündner Pässe an den Bodensee wurde schon in der Römerzeit rege benützt. Die folgenden Textzitate befassen sich mit Rheinlandschaften im 19. Jahrhundert.

J. G. Ebel äußerte sich in seiner 1810 erschienenen «Anleitung, auf die nützlichste und genussvollste Art die Schweiz zu bereisen» ausführlich und umständlich:

«*Graubünden:* Die höchsten Gebirge Bündtens übersteigen 11000 Fuss Meerhöhe nicht; eine Menge Gletscher liegen zwischen denselben, und der prächtige Rhein entspringt hier...»

«*Via Mala:* So wird die Strasse genannt, welche von Tusis durch eine der merkwürdigsten und schauerlichsten Gegenden der Schweiz ins Schamser-Thal führt, und von Tusis bis Zilis 2 Stunden lang ist. Dieser ungeheure Felsenriss liegt zwischen dem Beverin und Muttner-Horn, und ist oft nur wenige Klafter breit. In dessen schwarzer Tiefe wüthet der Hinter-Rhein ungehört, aber an dem pfeilschnell schiessenden Schaum bemerkbar, und seine zerrissenen, nach oben überhängenden Wände sind mit alten Tannen besetzt, welche das Dunkel dieses Schlundes noch vermehren. Die eingesprengte Strasse, 3–4 Fuss breit und 2–400 Fuss über die Abgründe des Rheins, windet sich bald an der rechten bald an der linken Felsenseite fort, und wird durch drey Brücken verbunden... Die Strasse ist gut unterhalten, gegen Unglücksfälle ziemlich gesichert, im Sommer nicht gefährlich...»

«*Chur:* Wege und Rathschläge für die Reisenden durch Bündten: Es ist sehr nützlich, von Chur aus sich mit Empfehlungsbriefen für die Theile des Landes zu versehen, welche man bereisen will, und hier das günstigste Wetter abzuwarten. Fussreisende können von Chur einen Führer mitnehmen; wenn sie aber von den grossen Strassen abweichen, dann ist es rathsamer, an den verschiedenen Orten in dem Gebirge selbst kundige Wegweiser zu wählen. Mantelsack oder Koffer kann man an jedem beliebigen Ort durch die Landboten vorausschicken... Wenn man an irgendeinem Ort des Abends anlangt, so erkundige man sich, ob dessen Einwohner katholisch sind, was man gewöhnlich an den Kreuzen auf den Kirchtürmen erkennen kann; ist das letztere, so darf sich ein wohl gekleideter Reisender nur gradezu bey dem Pfarrer des Dorfes melden lassen; der ihm gern eine mässige Mahlzeit und ein reinliches Bett anbieten wird, wofür man beym Weggehen der Köchin ein billiges Trinkgeld nach Willkühr giebt. Ist es ein reformirtes Dorf, so darf man sich auch bey dem Pfarrer melden; doch nur in der Absicht, damit derselbe durch seine Verwendung das schicklichste Haus im Dorfe ausmittle. Denn die geringsten Besoldungen, die meist elenden Pfarrhäuser, und die oft zahlreiche Kinderfamilie der reformierten Pfarrer hindern so manchen gefälligen

Mann an der Ausübung edler Gastfreyheit.»
«*Bodensee:* Die deutschen und schweizerischen Ufer dieses prächtigen Sees sind reich an der grössten Mannigfaltigkeit von Ansichten, Standpunkten, ländlichen, reitzenden und ausserordentlichen Naturszenen, und die Reise an seinen Ufern auf beyden Seiten gehört zu den genussreichsten in der Schweiz. Man kann sich von Lindau, Mörsburg und jedem andern Ort mit Kutschen über den See auf die schweizerische Seite übersetzen lassen. Die grössten Schiffe, Lädischiffe genannt, welche den Bodensee befahren, tragen 3000 Centner…»
Im Jahre 1854 erschien der Reisebericht «Upper Rhine» des Engländers Tombleson. Hier eine Beschreibung des Rheins zwischen Untersee und Schaffhausen:
«Von Schaffhausen bis zum Konstanzer- oder Bodensee, ist der Rhein für beträchtliche Güterfahrzeuge schiffbar. Er läuft zwanzig Meilen weit, von Osten nach Westen, durch ein schönes angebautes Bergthal. Auf dem linken Ufer, fünf Meilen von Schaffhausen, liegt das Städtchen *Diessenhofen*, zum Kantone Thurgau gehörend. Es ist die nördlichste Stadt der Schweiz, und ganz am Rande des Flusses, über den eine feststehende hölzerne Brücke führt. Die Strassen sind breit und schön, und die Umgebung sehr reizend. Die Einwohner theilen sich in Katholiken und Protestanten; die letzteren sind jedoch die zahlreichsten. Sie begnügen sich mit einer Kirche, in welcher beide Sekten abwechselnd ihren Gottesdienst halten. Der Wohlstand des Ortes rührt hauptsächlich vom Transithandel und von der Schiffahrt her. Etwa eine Viertelmeile von Diessenhofen steht das schöne, sehenswerthe Nonnenkloster im Katharinenthale. In der *Sonne* findet man eine gute Aufnahme.
Sechs Meilen jenseits Diessenhofen kömmt man nach *Stein*, oder *Stein-am-Rhein*, mit 1200 Einwohnern. Es liegt auf dem rechten oder nördlichen Ufer, und gehört zum Kantone Schaffhausen. Die hiesige Rheinbrücke ist hundert und dreissig Fuss lang, und fünfzehn breit. Auf einer steilen Höhe, unfern der Stadt, sieht man die malerische Burg Klingen, Stammschloss der Familie gleichen Namens. Die Aussicht von da ist wunderschön. Nicht weit davon ist ein Wald, *Wisholz* genannt, in dem man eine Menge Bernstein und Versteinerungen findet; und die nahegelegenen Oeninger Schieferbrüche enthalten zahlreiche in eine Art fetter gelben Steine eingezeichnete Abdrücke von Pflanzen, Inseckten &c., die man für antedeluvianisch ansieht».

Rechts: Die Stadt Schaffhausen, aufgenommen am 1. Juni 1981. Auf der Aufnahme zu sehen sind ein Teil der Altstadt mit der ehemaligen Benediktinerabtei Allerheiligen, die Münsterkirche, die Fluchtburg Munot, die Schifflände mit dem Güterhof und die nach dem zürcherischen Feuerthalen führende Rheinbrücke. Bei der Brücke endet die vom Bodensee her kommende Schiffahrt. Weiter unten strömt das Wasser dem Rheinfall zu.

Oben: Am rechten Rheinufer in der schaffhausischen Gemeinde Ramsen stehen die Bauten der Bibermühle, die einst ein Herrensitz mit Mühlebetrieb war. Aufnahme vom 16. Juli 1983.

Rechts: Das thurgauische Städtchen Diessenhofen am Rhein, dessen historischer Kern aus wenigen mittelalterlichen Häuserzeilen besteht. Eine gedeckte Holzbrücke über den Strom verbindet das schweizerische mit dem deutschen Ufer. Auf unserem Bild hat an der Schifflände unterhalb der Brücke ein Motorschiff der Gesellschaft Untersee und Rhein angelegt. Der Photograph der Swissair Photo machte die Aufnahme am 5. Mai 1990 aus großer Höhe vom deutschen Ufer aus.

Oben: Oberhalb des Städtchens Stein am Rhein liegt die Insel Werd im Fluß, der an dieser Stelle den Untersee verläßt. Hier starb 759 der heilige Otmar, erster Abt von St. Gallen. Die Wallfahrtskapelle St. Otmar wird seit dem 9. Jahrhundert rege besucht. Die Insel, im Kanton Thurgau gelegen, ist durch einen Steg mit dem linken Ufer des Rheins verbunden. Rechts am Bildrand ist eine kleine, bei Hochwasser überflutete Insel zu erkennen, die zum Kanton Schaffhausen gehört. Aufnahme vom 1. Juni 1981.

Rechts: Stein am Rhein mit dem historischen Kern der Siedlung am rechten Ufer des Rheins und dem ebenfalls mittelalterlichen Ortsteil Burg am südlichen Ufer. Stein gilt sozusagen als Modellfall einer mittelalterlichen Brückenund Marktstadt. Bedeutendstes historisches Bauwerk ist das oberhalb der Brücke gelegene ehemalige Benediktinerkloster St. Georgen. Stein gehört seit 1803 zum Kanton Schaffhausen, nachdem es während Jahrhunderten unter Zürcher Hoheit gestanden hatte. Die Aufnahme stammt vom 5. Mai 1990.

Oben: Das thurgauische Buch bei Frauenfeld, aufgenommen am 29. Juni 1990. Im Hintergrund die am Fuß des Seerücken gelegenen kleinen Seen mit den Ortschaften Uerschhausen und Nussbaumen: Nussbaumer See, Hasensee und Hüttwiler See.

Rechts: Die Kartause Ittingen in der Thurlandschaft unterhalb von Frauenfeld. Die ehemalige Augustiner-Probstei wurde vor einigen Jahren restauriert und zu einem Kulturzentrum ausgebaut. Aufnahme vom 5. Mai 1990.

Oben: Die kleine thurgauische Siedlung Wertbüel bei Bürglen erweckt – jedenfalls von außen gesehen – den Eindruck eines intakten ländlichen Gemeinwesens. Die Aufnahme stammt vom 18. Mai 1981.

Rechts: Schloß Weinfelden, im Wald über den Rebhängen des Ottenberges und über dem Dorf gelegen. Aufnahme vom 5. September 1990.

Nächste Doppelseite: Die Aufnahme vom 29. Juni 1990 zeigt das Dorf Engishofen an der Bahnlinie Weinfelden–Romanshorn inmitten einer intensiv bewirtschafteten Agrarlandschaft. Typisch die geometrisch angeordneten Niedrigobst-Kulturen, die im Thurgau die alten Obstbäume weitgehend verdrängt haben. In den Ortschaften selber – in Engishofen und im nahen Kümmertshausen zum Beispiel – haben sich neben den Bauernhöfen Gewerbe und Produktionsbetriebe niedergelassen. Wenn im Dorf der Platz fehlt, richtet man sich in Aussensiedlungen ein.

Romanshorn ist der wichtigste schweizerische Hafen am Bodensee. Hier sind die Kursschiffe der Schweizerischen Bundesbahnen stationiert, und Autofähren stellen die Verbindung mit Friedrichshafen her. Früher wurden ganze Züge mit Trajektschiffen über den See gebracht.

Links: Das Hafenbecken mit dem Getreidesilo, dem Bahnhof und den Anlegestellen für die Personenschiffahrt. Aufnahme vom 6. Mai 1985.

Rechts: Ansicht von Romanshorn aus großer Höhe, aufgenommen am 9. Juni 1989. Gut zu erkennen sind die Bahnanlagen, das Hafenbecken für die Kursschiffe und den Autoverlad, Lagerhäuser und Werft sowie der Bootshafen für private Boote.

Oben: Schloß Hagenwil in der gleichnamigen thurgauischen Ortschaft bei Amriswil, eine der besterhaltenen Wasserburgen der Schweiz. Die Aufnahme stammt vom 16. Mai 1980.

Rechts oben: Vorbildlich erhalten präsentiert sich die thurgauische Kleinstadt Bischofszell. Sie wurde auf einer Terrasse beim Zusammenfluß von Sitter und Thur erbaut. Die Bausubstanz aus später Gotik und Spätbarock beherrscht das Ortsbild. Aufnahme vom 14. Juni 1980.

Rechts unten: Die St. Iddaburg, ein Wallfahrtsort beim Dörfchen Gähwil im Kanton St. Gallen. Die Kapelle neben dem Gasthaus wurde in den dreißiger Jahren unseres Jahrhunderts gebaut. Aufnahme vom 15. Dezember 1986.

Oben: Bei Sitterdorf windet sich das Flüßchen Sitter durch eine stark parzellierte Agrarlandschaft mit kleinen Siedlungen und langgezogenen Waldpartien. Die Aufnahme stammt vom 9. Juni 1989.

Rechts: Das Zentrum der Stadt St. Gallen, aufgenommen am 9. Juni 1989. Aus dieser Aufnahme läßt sich das Wachstum der Stadt ablesen. Über den Klosterbezirk und die Altstadt hinaus dehnte sich die Siedlung seit dem 19. Jahrhundert in der Längsachse aus und wuchs gleichzeitig aus dem Talgrund an den Hängen empor. Die an den Bodensee führende Autobahn – rechts unten im Bild – umfährt die Stadt im Norden. Sie wurde zu einem guten Teil unter den Boden verlegt.

Oben: Der einstige Molkenkurort Heiden im Appenzeller Vorderland liegt auf einer Terrasse ausgebreitet über dem Bodensee. Da sich die Siedlung in geschützter Lage auf etwa 800 m Höhe befindet, ist sie den Einwirkungen des voralpinen Klimas nicht in vollem Maße ausgesetzt. Aufnahme vom 14. August 1985.

Unten: Trogen, Hauptort des Halbkantons Appenzell-Außerrhoden, ist abwechselnd mit Hundwil Schauplatz der Landsgemeinde. Der Dorfplatz bei der Kirche, auf dem sich die stimmberechtigten Frauen und Männer versammeln, bietet in seiner Baustruktur ein originelles Bild. Der frühklassizistischen Kirchenfassade stehen herrschaftliche Steinbauten und hölzerne Bürgerhäuser im typischen Appenzeller Stil gegenüber. In dieser architektonischen Präsentation kommen die einstigen Herrschaftsverhältnisse zum Ausdruck. Die Aufnahme stammt vom 3. Juli 1985.

Rechts: Über den Kurort Walzenhausen hinweg geht der Blick auf Rheinebene und Bodensee. Der Alte Rhein, ein stehendes, vom Strom abgeschnittenes Gewässer, bildet die Landesgrenze zu Österreich. Früher ein wichtiger Schifffahrtsweg, liegt der Flußarm heute in einem stets gefährdeten Naturschutzgebiet. Bei genügendem Wasserstand gelangen die Passagierschiffe des Bodensees bis zum St. Gallischen Städtchen Rheineck, das durch eine Brücke mit dem Vorarlberger Dorf Gaissau verbunden ist. Aufnahme vom 29. Juni 1990.

Das Säntismassiv, vom Chräzerenpaß aus über die geschichtete Felsmauer der Nordflanke hinweg aufgenommen. Die Schichten des Kreidekalks steigen von Südwesten gegen Nordosten auf und sinken anschließend gegen die Ebenalp ab. Der Faltenbau des Alpsteinmassivs wird von Geologen mit ähnlichen Strukturen im Kettenjura verglichen. Ein besonderes Phänomen tritt im Alpstein und im Jura auf: auf den Kalkböden befinden sich Karren und Versickerungstrichter, durch die das Wasser fällt. Damit hängt die Tatsache zusammen, daß es in dieser Landschaft keine eigentlichen Wildbäche gibt.

Der Säntis (2502 m) ist ein Anziehungspunkt für Touristen und Bergwanderer. Schon im Jahre 1887 hatte man auf dem Gipfel eine Wetterwarte eingerichtet, die anfänglich über den Telegraphen mit dem Tal verbunden war. Heute fährt die Schwebebahn von der Schwägalp – links unten im Bild – zum Gipfel, der mit massiven Bauten versehen ist. Auf dem Säntis treffen sich die Zeitgenossen, die sich der bequemen Technik anvertraut haben, mit den Bergfreunden, die nach anstrengendem Aufstieg auf einem der Pfade auf den Gipfel gelangt sind. Aufnahme vom 29. Oktober 1984.

Oben: Der Seealpsee ist einer der geheimnisvollen Seen, die zwischen den Bergrücken des Alpsteins lagern. Auf unserer Aufnahme vom 29. Mai 1979 im Hintergrund die Ostflanke des Säntis.

Unten: Meisterrüti bei Gais, eine Streusiedlung in der Appenzeller Mittelgebirgslandschaft, aufgenommen am 29. Mai 1979. Es fällt auf, daß Verbindungswege zwischen den einzelnen Höfen fehlen. Es würde vermutlich zu weit führen, wollte man diesen Umstand mit dem Appenzeller Eigensinn in Verbindung bringen. Außerhalb der eigentlichen Gebirgszone ist das Appenzell eine Landschaft der Kleinformen: Sein Relief wird gebildet durch Hügel, Wälder, Gräben, Tobel, Runsen. Orts- und Flurnamen stimmen mit diesem Befund überein. Aufnahme vom 29. Mai 1979.

Rechts: Appenzell, Kantonshauptort von Innerrhoden im Winter. Die ländliche Struktur der Ortschaft kann unter der Schneedecke bloß vermutet werden. Es wird aber deutlich, wie weit auch hier die nach allen Seiten ausgreifenden Bauzonen vom Talboden Besitz ergriffen haben. Im Schnee sind die wichtigsten Verkehrswege zu sehen, und ebenso unverkennbar zeichnet sich die Topographie der nördlich und südlich ansteigenden Höhen ab. Die Aufnahme stammt vom 24. Januar 1981.

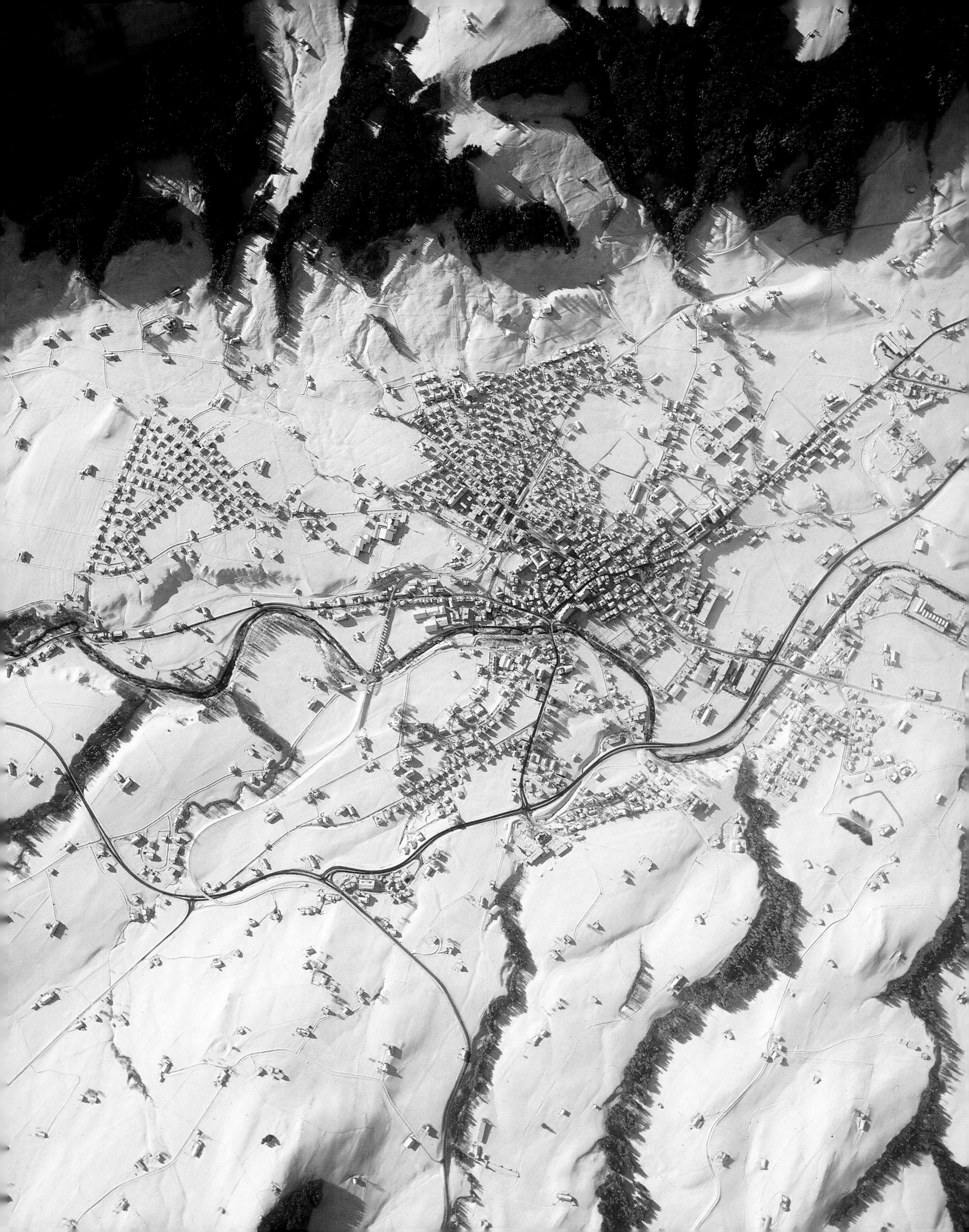

Oben: Voralpine Landschaft auch an den Flanken des St. Galler Rheintals. Die Aufnahme vom 30. Juli 1981 zeigt Ställe und Stadel am Grabser Berg.

Rechts: Winter im Toggenburg. Ein Chuchiwis genannter, bewaldeter Graben an einem Berghang bei Neu-St. Johann. Aufnahme vom 24. Januar 1981.

Oben: Maienfeld im bündnerischen Rheintal, ein im Mittelalter befestigtes Städtchen an der Straßengabelung von Chur nach Zürich und über die St. Luzisteig nach Bregenz. Das Ortsbild wird heute von den noblen Bürger- und Patrizierhäusern, von der Kirche und vom Schloß bestimmt. Die Aufnahme stammt vom 12. Juli 1990.

Rechts: Die Kantonshauptstadt Chur mit dem Rheintal in einer Aufnahme vom 20. August 1989. Hier wie anderswo beansprucht die noch erhaltene mittelalterliche Stadt mit dem bischöflichen Hof nur einen bescheidenen Teil der besiedelten Fläche. Chur ist seit der Römerzeit Ausgangspunkt für den Verkehr über die Bündner Pässe. Hier wurden während Jahrhunderten Waren umgeschlagen. Der Paßverkehr hatte Bedeutung für Wirtschaft und Politik, er formte aber auch die Gesellschaft und ihre hierarchischen Strukturen, indem er den Bürgern in diesem Metier unterschiedliche Funktionen und Chancen zuwies. Heute ist von den alten Aufgaben noch eine geblieben: Chur ist die politische, verkehrstechnische und touristische Drehscheibe des Kantons Graubünden.

Auch die abgelegensten Bündner Dörfer haben den Anschluß an die Gegenwart gefunden. Überall ist die traditionelle Landwirtschaft im Rückgang oder bereits verschwunden. Ein Überleben ist nur möglich, wenn man gewerbliche Berufe und moderne Technik in die Dörfer bringt. Auch der Tourismus in seinen vielfältigen Formen kann Hilfe bedeuten, sofern er nicht Gesicht und Identität der Gemeinden zerstört.

Oben: Castiel im Schanfigg an der Straße von Chur nach Arosa. Im Erosionsgebiet der Plessur trennen Tobel und Schluchten Ortsteile und Siedlungen, erschweren die Verbindungen und zwingen die Bewohner zum Bau von Erschließungsstraßen, wenn sie Zugang zum kargen Kulturland haben wollen. Es gibt kaum einen zusammenhängenden Lebensraum, so daß nur kleine Gemeinwesen Platz finden. Aufnahme vom 12. Juli 1990.

Unten: Wergenstein im Schams, ein bescheidenes Dorf in 1489 m Höhe am Schamserberg. Das Ortsbild läßt vermuten, daß man sich auch hier auf neue Bedürfnisse einstellt. Es gibt eine offizielle Verbindung zur Außenwelt: Ein Postauto verkehrt zwischen Wergenstein und Zillis. Die Aufnahme stammt vom 12. Juli 1990.

Rechts: Das Quellgebiet der Plessur mit Arosa im Talgrund. Arosa sei eine schöne grüne Oase mitten zwischen wilden Felsen und Gebirgen, meinte ein Forscher im letzten Jahrhundert. Tatsächlich liegt der Kurort mit seinen Seen in einem abgeschlossenen, waldigen Hochtal. Die »grüne Oase« hat inzwischen städtischen Charakter angenommen. Aufnahme vom 31. August 1989.

Links: Das Flugzeug der Swissair Photo flog am 24. Oktober 1989 über die im Bau befindliche Staumauer von Panix.

Rechts oben: Thusis im Domleschg, das Straßendorf am Eingang zur Via Mala, aufgenommen am 12. Juli 1990.

Rechts unten: Die Rheinschlucht unterhalb Flims, eine der eigenartigsten Urlandschaften der Schweiz. Die Gefahr, daß diese Landschaft durch ein Kraftwerk zerstört wird, ist anscheinend abgewendet, doch hat sich in letzter Zeit der Tourismus mit Schlauchbootfahrten und Lagerleben dieser Szene angenommen. Aufnahme vom 12. Juli 1990.

Folgende Doppelseite: Die Greina-Hochebene mit dem Greinapaß, aufgenommen am 31. August 1989. Die Ebene mit den Mäandern des Rein da Sumvitg ist eine der wenigen großräumigen alpinen Landschaften, die durch keine menschlichen Eingriffe gestört wird. Auf den Bau eines Kraftwerks ist vor einigen Jahren verzichtet worden.

Oben: Als Riegel steht Schloß Tarasp in der Unterengadiner Landschaft. In der an Wendungen und Zwischenfällen reichen Geschichte des Tales spielte die imposante Burg in beherrschender Lage eine wesentliche Rolle. Im 19. Jahrhundert beinahe zerfallen, wurde die Anlage 1907–1916 nach dem Geschmack der Zeit wiederhergestellt. Aufnahme vom 2. August 1990.

Rechts: Der Silvaplaner See mit der Ortschaft Silvaplana von Norden gesehen. Rechts unten im Bild die Julierstraße, im Hintergrund der Eingang ins Fex-Tal. Die Oberengadiner Seenlandschaft gehört zu den Landschaften von nationaler Bedeutung. Es ist in den vergangenen Jahrzehnten gelungen, die Gegend vor den schlimmsten Verschandelungen zu bewahren, die vom überbordenden Tourismus drohen. Die Gefährdung der Ortschaften durch schlecht angepaßte Neubauten ist noch nicht abgewendet. Aufnahme vom 31. August 1989.

Oben: Compatsch und Laret im Samnaun, dem äußersten Winkel Graubündens an der Grenze zu Tirol. Die Talschaft am Schergenbach war bis zum Ersten Weltkrieg von der Schweiz her nur auf Fußpfaden zu erreichen und deshalb in ihren Beziehungen auf Österreich ausgerichtet. Erst der Bau einer Straße von Martina nach Samnaun vermochte die Talschaft aus ihrer Isolierung zu lösen. Aufnahme vom 2. August 1990.

Rechts oben: Die Unterengadiner Gemeinde Sent liegt auf einer Sonnenterrasse über dem Inn. Das geschlossene Haufendorf zeichnet sich durch eine bemerkenswerte Bausubstanz aus, die aus stattlichen Bauernhöfen und Bürgerhäusern besteht. Die Aufnahme stammt vom 2. August 1990.

Rechts unten: Guarda, einst eine Station an der Durchgangsstraße durch das Unterengadin, zeigt ein sorgfältig gepflegtes Dorfbild mit prächtigen Engadiner Häusern. Das Bild ist aus der Perspektive des Fliegers so eindrücklich wie am Boden. Der Ort ist eingebunden in ein enges Wegnetz. Kleinräumige Parzellierung und Terrassierungen weisen auf eine Mehrzweck-Landwirtschaft hin. Aufnahme vom 23. Juni 1990.

Die kleine Ortschaft Lü im Münstertal liegt auf einer Höhe von 1920 m seitlich verschoben an einer Talflanke. Hier leben noch Bauern, aber auch Menschen aus der Stadt haben den Weg ins Bergdorf gefunden. Ein Blick auf den Parkplatz am Dorfrand bestätigt den Befund. Aufnahme vom 2. August 1990.

Folgende Seite: Das Puschlav, abgelegener Bezirk jenseits der Berge oder Tor nach Italien? Über den Lago di Poschiavo hinweg geht der Blick nach dem nahen Veltlin. Als die Maschine der Swissair Photo nach dieser Aufnahme – es war der 23. Juni 1990 – den See überflog, erblickten Pilot und Photograph die Stadt Tirano.